行政LMS

行政リーガル・マネジメントシリーズ III

公文書管理

◆ 自治体条例制定・文書管理保存実務 ◆

友岡 史仁 編著

信 山 社

はしがき

　本書は、行政 LMS（リーガル・マネジメントシリーズ）3 冊目として、公文書管理制度を扱う。

　公文書管理制度は、行政文書の適切な管理・保存を通じ現在及び将来の国民に対する説明責任を果たすことで、民主主義国家を支える極めて重要な制度である。国では 2009 年に公文書管理法によって法制化されているが、自治体では個々に制度が構築されてきた。

　国と自治体とで制度設計・構築の方法に違いがあるのは、情報公開制度も同様である。しかし、公文書管理制度の場合、条例化されていない自治体も残っていること、組織内での慣習的な管理・保存によって文書が散逸したり、歴史公文書の恒久的な管理・保存のための公文書館が未設立であることなど、およそ行政の説明責任を必ずしも十分に果し得ない事態にあるといっても過言ではない。もちろん、その一方では、条例化に積極的に取り組み、既存の制度に工夫を凝らしながら運用面での充実・発展に寄与している自治体も存在しているのが、本制度の特徴である。

　そこで本書では、公文書管理制度の存在意義が一目でわかり、かつ、制度の実態や運用面において気になる具体的なポイントを、理論・実務ともに、法的な視点から必要十分におさえられるよう心掛ける構成となっている。また、制度の条例化の意義を十分におさえつつ、制度設計・構築時の課題、さらには現用文書の紙・デジタル両面からの管理の在り方、公文書館の運用例やアーキビストの役割を念頭に置くなど、**公文書管理制度に本来求められる実践的な対応例・応用例をできるだけ具体的に示す意欲的な内容**となっている。

　なお、本書では、各自治体の公文書管理制度を網羅的に取り上げるというよりも、各執筆者の現場感覚を大切にする趣旨から、日常業務の具体的課題を意識した構成となっている。このため、客観的な記述を心がけつつも、執筆者が帰属する自治体の制度が詳細に取り上げられる場合があることをお断りしておく。

はしがき

　行政 LMS のコンセプトは、少しでも痒い所に手が届く"孫の手"となることにあるが、本書が**自治体をはじめとした公文書管理制度の設計・構築、運用サイドの方々に、基本知識の確認や気付きの視点を提供できること**を主眼とする。このことから、本書を日常業務の参考書用とあわせ、公文書管理や行政情報関連の公務員セミナー教材、その他、制度を学ぶためのテキスト等として加えていただければ、企画立案者としては望外の幸せである。

　本書の公刊に先立ち、法制度及び行政組織内の実務対応に着目すべく、行政法研究者と多数の自治体職員の方々のご理解ご協力を得ることができた。
　行政法研究者では、山形県公文書管理条例検討委員会委員を務められた和泉田保一先生（山形大学准教授）、そして、同委員会に先立ち条例化の先鞭をつけた同県情報公開・提供の検証、見直し第三者委員会委員であられた稲葉馨先生（立正大学教授・東北大学名誉教授）には、厚く御礼申し上げたい。本書公刊を実現できたのは、お二人の先生からご尽力いただけたおかげである。
　自治体職員では、多数のご参画を得た山形県の方々をはじめ、高知県、福岡県、沖縄県、そして基礎自治体では安曇野市、郡山市、みやま市にご所属のそれぞれ現場に精通された職員の方々から、多忙な日常業務の中で執筆時間を割き原稿をお寄せいただいたことに、厚く御礼申し上げる。このほか、ここにお名前を上げることができないが、本書企画の段階から心強いサポートをいただいた方にも、深甚なる感謝を申し上げたい。
　さいごに、本書公刊にあたり、行政 LMS をサポートくださる信山社編集部の稲葉文子氏にも感謝したい。

2023 年 3 月
友岡　史仁

目　次

第2部　公文書等の作成・管理（整理）・保存等

第3部　歴史公文書等(非現用文書)の保存・管理(整理)・利用

第4部　公文書館等の在り方

凡　例

【法令名通称】

行政機関個人情報保護法	行政機関の保有する個人情報の保護に関する法律
行政機関情報公開法	行政機関の保有する情報の公開に関する法律
公文書管理法	公文書等の管理に関する法律
個人情報保護法	個人情報の保護に関する法律
山形県公文書管理条例	山形県公文書等の管理に関する条例

【ガイドライン】

行政文書ガイドライン	行政文書の管理に関するガイドライン
特歴ガイドライン	特定歴史公文書等の保存、利用及び廃棄に関するガイドライン

【文献略称】

宇賀・情報公開と公文書管理	宇賀克也『情報公開と公文書管理』（有斐閣、2010年）
宇賀・逐条公文書管理	宇賀克也『逐条公文書等の管理に関する法律〔第3版〕』（第一法規、2015年）

行政 LMS Ⅲ

公文書管理

◆ 自治体条例制定・文書管理保存実務 ◆

序章① 公文書管理制度の概要と課題

> 公文書管理制度について、国・自治体を含めた制度の内容や存在理由、法的な存在形式（法源）などを含めた具体的要点を概説する。このほかにも、制度に求められる基本装備など、本書の扱う論点を簡潔に取り上げつつ、その内容を鳥瞰する。

1 公文書管理制度とは？

(1) どのような制度か？

公文書とは、行政機関が作成し組織的に共用される文書であって、国民・市民に対する説明責任を果たす役割のある文書である。情報公開制度において、開示請求の対象となる「行政文書」と同義である*。このため、**公文書管理制度が情報公開制度と密接に関連した仕組みを前提としている**。

公文書は、行政機関において作成され、管理（整理）・保存の対象とされる現に利用されている文書と並び、利用されなくなくなったため廃棄される一方で、歴史的意義を有するとして公文書館等に移管され恒久的な保存や利用の対象のすべてを指す（文書の種類について→2）。公文書管理制度は、このような**公文書のライフサイクルを念頭に設計されるのが一般的**である。詳細は各章に譲り、本章では公文書管理制度を概説する（→3）。

(2) なぜ必要な制度か？

文書主義（書面主義）と呼ばれるように、行政活動を跡づけるには、文書を残すことが基本となる（→4）。その理由として、文書には高い信頼性が備わっており、行政組織において行政活動に統一化を図るうえで客観的な根拠とされたり、国民・市民において行政活動の存在を確認できるといった機能が備わっているからである。また、文書が作成され適切に管理（整理）され保存された状態にあれば、現在のみならず後世に対し行政機関が説明責任を果たすことを可能とし、ひいては、歴史的事実を糧とした説得的な行政判断ができるなど、様々な効用が考えられる。このため公文書管理制度は**健全な民主主義の根幹を支える**と表現されることもある。

以上のような公文書及び公文書管理制度の機能を踏まえると、①必要な

*「行政文書」とは国の情報公開法の規定であるが、自治体の情報公開条例では、「公文書」を開示請求の対象として定義することが多い。例えば、東京都情報公開条例等。

情報が記載された文書の作成があり、②ありのままの形で保存・管理（整理）され、③改ざん・散逸された状態にはなく、④必要とする者の希望に応ずることが求められる。ただし、後述のように、制度として確立しているのは、①、②及び④であり、③は、適切な保存・管理（整理）がなされれば、そのような状態が生じないことが想定されるものの、実際の運用に際し生ずる課題であるため、どのようにそうした状態を防ぐかが制度上の課題となる。

2　制度の対象となる公文書の種類

①**現用文書**　行政機関が組織的に共用している文書であり、保存・管理（整理）された状態にあるものであって、情報公開・個人情報保護制度に基づく開示等請求の対象となる文書。
②**非現用文書**　行政機関が組織的な共用を終え、行政機関又は公文書館等に移管され保存・管理（整理）された状態にあるものであり、歴史的意義を有する文書として第三者等からの利用請求（閲覧請求）に供する文書。

　現用・非現用とは、行政機関が現に利用しているか（組織的に共用しているか）否かによった分類であり、公文書管理制度はこれらの文書を横断的に扱う制度であるが、それぞれで保存・管理（整理）の仕方は異なる。法令用語としては、現用文書を「行政文書」や単に「公文書」とし、非現用文書を「歴史公文書等」として位置づけられる。

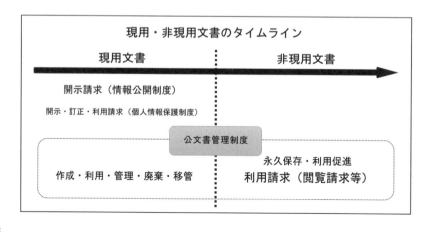

3 国と自治体の違い

⑴ 国と自治体の違い―制度の存在形式（法源）

国において公文書管理法が制定されたのは、2009年である（平成21年法律第66号）。それ以前は、行政機関情報公開法・同法施行令に基づくが、詳細は各省庁の縦割りによって制度化されていた。このため、制度が統一化されず、公文書管理法によって明記された文書作成義務（4条）（自治体における文書作成義務について 第4章 ）など、この分野において必須と思われる諸制度に法的根拠がないままの状態であった。

他方、公文書管理法が自治体に制度の一元化を求めているわけではないため、個々に制度設計が行われる。また、一部の自治体では公文書管理法の制定に先立ち条例が制定されていたが*、それ以外は同法制定後に条例が制定されている。いずれにせよ、個々の自治体において制度化の必要性が判断されるため、なにがしかの公文書管理制度を各自治体は持つとしても、**法的拘束力のある条例として標準装備化しているわけではない**点に情報公開条例との違いがある。

⑵ 条例化の必要性

自治体の公文書管理制度は、条例以外にも、規則・規程・要綱等のような存在形式がとられており、多様である。この現象は都道府県・市町村に共通している。例えば、公文書管理法上、非現用文書（歴史公文書）は「利用請求」と表現し、条例上、請求対象外の文書を規定することでそれ以外を原則利用可能とするように、法的に請求人の権利行使を明示する形態をとる。しかし、そうではない自治体**であると、公文書館の設置条例（組織法）において閲覧制限を規定し、制限対象となる情報を規則において規定するというように、対象範囲が条例のような法的拘束力は及ばないことになる（統計資料を踏まえて 第2章 ）。

確かに、規則・規程・要綱等の存在形式も、制度の法的根拠と考える向きが自治体職員には多いように思われる。条例制定の過程において、自治体内でかなりの労力が割かれ（検討会の立上げ・審議、庁内稟議、議会議員への説明等）、関連制度をあわせて整備する必要性を考えれば、現状維持を求める傾向が強いのが実情と言えよう。加えて、国も同様であるが、自治体が条例化した経緯を見ると、その長の先見・牽引力、その他、必要と

*宇土市、名古屋市、ニセコ町及び大阪市条例が挙げられる。詳しい経緯は、宇賀・逐条公文書管理277頁以下参照。

**神奈川県立公文書館条例5条において知事の閲覧制限に係る規定を置き、具体的な制限に係る「公文書館資料」は同施行条例4条の規定によるものとされている。

みなされる政治的背景など（公文書の改ざん・廃棄等への批判）、**およそ法的理由とは別の要因が原動力となっている***。

とはいえ、公文書管理制度には文書作成義務、非現用文書の利用等を含む重要な仕組が要素として含まれ、**すでに標準装備化されている情報公開制度（さらには個人情報保護制度）の有効性に資するためにも、法的義務を伴う条例化が強く求められていること**も事実である（理論的説明については 序論② ）。

ただし、本書では条例化されていない自治体における工夫についても言及する（ 第20章 ）。

4　公文書管理に求められる標準装備（概要）

自治体の公文書管理制度は、形式面として統一化されていないが、およそ標準装備としてそこに一般的に求められるものについて、以下に列挙しておく。

⑴　文書作成義務

説明責任を果たすためには、行政機関に文書作成義務を課すことが必要となる。**作成義務がなければ、情報公開制度の開示請求となる文書が不存在となりかねないからである**（開示請求との関係について 第9章 ）。ここでは、公文書管理法の規定を参考として掲げておく（4条）。

> **公文書管理法第4条**
> 行政機関の職員は、第1条の目的の達成に資するため、当該行政機関における経緯も含めた意思決定に至る過程並びに当該行政機関の事務及び事業の実績を合理的に跡付け、又は検証することができるよう、処理に係る事案が軽微なものである場合を除き、次に掲げる事項その他の事項について、文書を作成しなければならない。
> （以下略）

公文書管理法は作成義務のある文書について規定されているが、実際にどのような場合が対象となるかは、法律の条文から明らかとは言えないため、国では行政文書ガイドラインを策定している。同様の試みは自治体にもみられるところである（制度設計の詳細は 第4章 ）。

⑵　保存・管理（整理）

公文書は適切な保存とあわせ、継続的な管理（整理）がなされることで、

*国の場合、福田政権による首相のリーダシップが大きかった。条例化の経緯も、財務省による文書改ざん事件のように、制度の必要性が政治的背景から認識されることが一因となる場合がある。

現用文書では情報公開・個人情報保護制度上の開示請求対象となり得ることに備える。また、行政組織内で共用されることで、必要な行政実務に寄与し、公文書の機能を果たすためには必須となるものである。なお、公文書の媒体が紙ベースとデジタルとでは、保存・管理（整理）の具体的方法が異なるため、それぞれにおいて求められる実務内容を異にすることに注意を要する。

また、デジタル媒体の中でも現用文書と非現用文書では、保存・管理（整理）のあり方が異なる。すなわち現用文書では、原本のデジタル化に伴い、削除・改ざんがより行われやすくなるため、担当課には必要な知識習得に常に務める必要がある（第7章）。これに対し、非現用文書の場合、長期的な保存・管理（整理）が求められるが、デジタル技術の向上に伴う技術的応用が期待されることから、担当職員はそれに見合う最新技術の習得が必要となろう（第12章）。

(3) 評価と廃棄・移管

大量の公文書をすべて保存・管理（整理）することは、現実的ではない。このため、現用文書において、一定の評価基準の下で評価を行い、保存と廃棄のための選別を行うことが求められる。ここでは、**評価基準をどのように策定するか**、また、策定された基準に従って、恒久的な保存・管理（整理）を目的とした公文書館への移管が必要となる（第8章）。

実務上、誰が移管の責任機関となり得るかが問題となる。国の場合は行政機関の長が国立公文書館に移管するが（公文書管理法8条1項）、自治体の場合はだれがその機関となり得るかといった課題が考えられる。

(4) 利用制度

公文書管理制度は、情報公開・個人情報保護制度と密接に関連する制度であるが、歴史的意義のある公文書の利用においても、現用文書の開示請求と同様の制度が設けられるのが一般的である。ただし、その場合に「時の経過」といった概念（第14章）によって、現用文書との区別が図られる。このほか、このような利用制度を維持すべく、第三者機関として公文書管理委員会が設立されるのが一般的である（第18章）。

5 その他の課題

⑴ アーキビストの存在意義

　文書管理技術は高度な専門的内容を伴うが、その専門家としてアーキビストと呼ばれる資格がある。国立公文書館長が認証する「認証アーキビスト」がその例である。アーキビストは公文書の保存・管理（整理）に係る専門家ではあるが、公文書管理制度に十分なリソースを投ずることができない自治体では、存在意義が必ずしも十分に認知されていないように思われる。文書の改ざん・散逸を最大限防止し、必要な文書を後世に残すためには、デジタル技術の進展とも相まって、高度な文書管理技術を体系的に会得したアーキビストの存在意義が高まっているといえよう（ 第13章 ）。

⑵ 公文書館・歴史資料館の存在意義

　国立公文書館は、移管後の公文書の保存・管理（整理）を一元的に担う立場にあるが、自治体によっては、恒久的な非現用文書の“置き場所”が存在しない、又は検討中である場合が少なくない。その理由は、予算その他の制約によるところが一般的と思われる。このため、自治体のリソースを最大限活用すべきという狙いから、たとえ自前の公文書館が未設立の場合であっても、自治体間における業務の連携を図るなど現実的課題を克服する試みもなされている（ 第20章 ）。なお、自治体によっては公文書館と並び歴史資料館の位置づけも必要となることは考えられよう。ただし、公文書管理制度に期待される機能を歴史資料館に求めるというよりは、郷土資料と合わせて、当該自治体における史料編纂など、行政活動の歴史的経緯を説明するための根拠資料の保存・管理（整理）が期待される施設という位置づけが可能と思われる。

　以上のほか、庁内はもちろん市民にとっての制度意義とその必要性に対する認識の低さも考えられる。このことから、公文書館の存在意義をより公にするための努力は、各自治体自らが果たすべき重要な役割として認識する必要がある。

（友岡史仁）

序章② 自治体における公文書管理制度

> 行政機関情報公開法および公文書管理法は、地方自治尊重の観点からいずれも地方公共団体に対して直接適用されず、各法律の趣旨に照らして施策の策定等を行う努力義務を課すにとどめている。しかし、条例制定状況でみると、情報公開がほぼ100%であるのに、公文書管理では約30%。後者の少なさが際立つ。なぜそうなったのか、この努力義務には、「条例化」が含まれないのか、考えてみたい。

1 公文書管理法と地方公共団体

⑴ 努 力 義 務

公文書管理法（以下、「本法」とすることがある）が規律対象とする「公文書等」とは、「行政文書」・「法人文書」・「特定歴史公文書等」であり、それぞれ国の行政機関・独立行政法人等が保有し、あるいは国立公文書館等に移管・寄贈・寄託されたものとなっており、地方公共団体（以下、「自治体」ともいう）については唯一第34条に次のような規定が置かれているだけである。「地方公共団体は、この法律の趣旨にのっとり、その保有する文書の適正な管理に関して必要な施策を策定し、及びこれを実施するよう努めなければならない」。

この定めの意味するところは、さし当たり以下の2点にある。①地方公共団体（特別地方公共団体を含む）においても文書の「適正な管理」を図っていく必要があるが、地方自治の尊重・自治体の自律性確保の観点から、公文書管理の規律整備がいわゆる努力義務規定として定められることとなった＊。②自治体が努力するに当たって縛りをかけられているのは、本法の「趣旨にのっとり」行うという要件だけであり、これは、《本法の個別の規定ではなく法律全体の規定内容・考え方》を「踏まえて、自律的に必要な措置を講ずる」ことを意味する＊＊。

⑵ 「条例化」と努力義務

公文書管理のルールを条例で定めること（以下、一定のルールを条例の形式で定めることを「条例化」という）が、この「措置」ないし「施策」に含

＊宇賀・逐条解説254頁以下参照。

＊＊公文書管理研究会編『実務担当者のための逐条解説－公文書管理法・施行令［新版］』（ぎょうせい、2019年）130-131頁。

まれるだろうか。この点については、明文上、規定するところがない。自治体は、公文書管理法の制定以前、あるいは少なからず今日も、文書管理に係る規律を規則（長の規則・委員会規則等）、および「規程」・「要綱」等の内部規則（訓令の形式など）で定めてきた。内閣府が 2022（令和 4）年 4 月 1 日時点で行った「地方公共団体における公文書管理の取組調査」によれば、「全都道府県で条例等を制定」し、市区町村でも「条例等」制定団体が 1694 ＝ 97％に達しているというが、一般財団法人・地方自治研究機構による同年 7 月時点の調査「公文書管理に関する条例」では、「条例」の形式をとっている自治体は都道府県 15 団体・政令指定都市 6 団体・それを除く市区町村 32 団体にとどまっている。政府によるこの種の調査では「条例等」として条例とそれ以外の法形式を一括りにすることが多いため、上記のような数字になっているのである。そこで、これらの制定形式を排して「条例化」の実現を図るべく努力することが、法律形式をとる本法の「趣旨にのっとる」ことを意味するのであろうか、さらには、条例化をもって、努力義務を果たすために必要不可欠な「施策」といえるのであろうか、といった疑問が浮かぶのを禁じ得ない。

2　行政機関情報公開法と地方公共団体

⑴　もうひとつの努力義務規定

　公文書管理法に先んじて上記の努力義務規定と同様な規定を置いてきた法律として、行政機関情報公開法 25 条がある（平成 21 年法律 66 号による改正前は 26 条）。同条は、地方公共団体の情報公開について「地方公共団体は、この法律の趣旨にのっとり、その保有する情報の公開に関し必要な施策を策定し、及びこれを実施するように努めなければならない」とする。見ての通り、後者の「保有する情報の公開」が前者では「保有する文書の適正な管理」に替わっただけである。

　もっとも、行政機関情報公開法が自治体（の機関）への直接適用方式でなく、努力義務方式を採用した要因として、少なくない数の先進的自治体が国に先駆けて情報公開条例を制定し運営してきたという「経緯」が重視されていることに留意すべきであろう*。ちなみに、同法制定前年の 1998（平成 10）年 4 月 1 日現在で 46 都道府県が条例を制定し、残る 1 県も同年 6 月には情報公開条例をもつこととなり、市区町村については制定率約

＊宇賀克也『新・情報公開法の逐条解説〔第 8 版〕』（有斐閣、2018 年）219 頁。

17％にとどまるものの515団体が条例の制定を済ませていた＊。これに対し、公文書管理法の制定以前に公文書管理条例を有していた自治体は3団体（宇土市・ニセコ町・大阪市）にとどまる＊＊。

⑵　「条例化」と努力義務

努力義務の内容として条例の制定が明記されていない点も公文書管理法と同様であるにもかかわらず、行政機関情報公開法25条（平成11年改正後）については、「条例化」を要請しているものと解するのが、通例となっている。前述した立法の経緯に加え、《情報開示請求権の付与》が第一義的な課題となっているからである。

①その典型ともいうべき見解によれば、本条は「条例制定の努力義務を明記しているわけではないが、行政機関情報公開法の核心は、開示請求権を付与すること」にあり、そのためには条例を制定することこそが「本条の趣旨にかなう」ことになる＊＊＊。あるいは、行政機関情報公開法が定めている「開示請求権」は、自治体が達成すべき「情報公開の『最低水準』を示す」ものという理解から、未だ未整備の自治体は「開示請求権の根拠となる情報公開条例を制定することを求められる」との帰結を導く見解＊＊＊＊も、条例化に関する限り、同旨のものといえよう。

②総務省が実施した2009（平成21）年4月1日現在の「情報公開条例（要綱等）の制定状況調査」によると、上述のように1999年に100％に達した都道府県を含め、1847自治体（都道府県および市区町村）のうち、1842団体において情報公開条例が制定されており、制定率では99.7％に達している。あたかも努力義務規定が義務規定に転化したかのような状況を呈しているが、見方を変えれば条例化が自治体側のニーズに沿うものであったともいえよう。

これに対し、公文書管理ルールの条例化は、着実に進展しているようには見えない。既述のように、全面施行（2011年4月）から10年余りを経ても条例化を選択した自治体が53団体にとどまるという現実があるからである。条例化を妨げている要因は何であろうか。あるいは、条例化しないことに多少ともメリットがあってのことであろうか。

＊　総務庁「望まれる国・地方を通じての情報公開の推進」時の動き1999年7月　号68-69頁。

＊＊宇賀・逐条公文書管理277頁以下。

＊＊＊宇賀・前掲〔8版〕219-220頁。

＊＊＊＊右崎正博＝多賀谷一照＝田島泰彦＝三宅編『新基本法コンメンタール　情報公開法・個人情報保護法・公文書管理法』（日本評論社、2013年）107-108頁（鈴木秀美）。

3 文書管理行政＝内部行為論

⑴ 内部法と外部法

斎藤教授は、「記録文書保存」の重要性・（歴史的）必要性について、すでに「日本近代行政の黎明期」において認識されていたことを指摘し、その証左として、明治8年の太政官達68号をあげる。そして、戦前の省官制の完成型を意味する「官制モデル」の下にあっては、「文書行政は」行政組織内部、とりわけ、行政機関（各省）ごとに自己完結的なものとして構成されていたことを指摘した上で、その今日的変容を論じている＊。《行政組織の内部行為には、それに相応しい内部規範の制定をもって対応すべし》という、いわば外部（関係）・内部（関係）区別論に根ざすものといえよう。

＊ 斎藤誠「公文書管理法制の課題」ジュリスト1316号（2006年）69頁以下。なお、赤木須留喜『官制の研究』（日本評論社、1991年）4頁以下参照。

⑵ 内部規範による規律

仙台市は、従前、公文書管理について、1969（昭和44）年制定の「文書取扱規程」を全部改正した「行政文書取扱規程」（平成19年仙台市訓令8号）によって行ってきた。同規程は全文39箇条から成るもので、行政文書の定義・組織・取扱原則・帳簿・文書作成・配布・収受・処理・起案・供覧・施行・浄書・庁外発送・庁内送付・分類・保存期間・整理・保管・目録提出・引継ぎ・保存・保存文書の閲覧と供覧・廃棄・歴史的公文書の保存などについて定めている。保存文書の閲覧・供覧の規定はあるが（36条）、職員が閲覧等を行う場合に限られており、市民の閲覧については、別に「仙台市歴史的公文書保存要綱」（令和元年9月総務局長決裁）によることになっている。閲覧しようとする者が「閲覧要望書」を出すと「文書法制課」が「閲覧させるか」それとも「閲覧を制限」するかを決めるという方式である。

⑶ 条例化の背景・意義

仙台市は、遅まきながら公文書管理ルールの条例化を目指しており、2022（令和4）年10月から翌月にかけて条例の「中間案」に対するパブリック・コメントが実施されている。この条例化の背景としては、「令和5年度に開館予定の公文書館の整備」がある。つまり、公文書館の設置に関する事項は条例で定めなければならない（公文書館法〔昭和62・法律115〕4条2項）ところ、これを機会に公文書管理自体の条例化をはかろうとするものである。同市によれば、この条例化によって、従来より透明性の高い

管理体制を確立すると共に、歴史的公文書の利用に関する制度（利用請求制度）の整備がおこなわれることになっている（以上、仙台市HPより）。このように公文書館の設置に際して公文書管理法制全体の見直しを行い、規程（内規）の条例化を果たすという方式も、比較的無理のない進め方として推奨に値しよう。

4 長の規則による公文書管理

(1) 長 の 規 則

先にも触れたように、条例形式をとらない公文書管理の規律として挙げられるのは、「規則」という名称の規範群である。法形式の観点からこの「規則」を見ると、長の規則・執行機関（教育委員会・人事委員会など）の規則のほか、内部規則（内規）にとどまる訓令・通達等がある。同じく「規則」であっても、国の行政機関（委員会規則・人事院規則など）のそれと、自治体の執行機関とりわけ長の「規則」とでは、明確な違いがある。首長は、二元代表制をとる自治体において、条例制定権を有する議会と並んで広汎な規則制定権を有するもので*、長の規則は「必要的条例事項を除けば、法令又は条例等の委任等がなくても地方公共団体の住民の権利義務に関する法規たる性質を有するものを定めることができ、また地方公共団体の内部的規律たる性質を有する規則を定めることができる」**。なお、必要的条例事項に該当する例として挙げられるのは、「義務を課し又は権利を制限する」内容の規律である（地方自治法14条2項）。

(2) 規則による公文書管理

47都道府県について例規集等で確認して見ると、2022年4月1日現在で、条例化を果たした団体数が15、長の規則を根拠とするもの12団体、内規（大半が「規程」と称し、法形式としては「訓令」とする）によるもの20団体となる。そのうち、徳島県・静岡県など規則による県のうち5県においては、比較的詳細な「管理規程」（最多の神奈川県で本則62箇条）を定めているため、規則⇒規程の《二段階規律方式》を意図的に採用しているようにみえる。

(3) 公文書館条例による代替

宮城県は、「行政文書管理規則」を制定しており、これが長の規則であることは、「平成11年6月22日宮城県規則84号」という名称中の「県規

＊人見剛＝須藤陽子『ホーンブック地方自治法』（北樹出版、2010年）146頁（三浦大介）。

＊＊松本英昭『新版逐条地方自治法〔第8次改訂版〕』（学陽書房、2015年）228頁。

則」という文言、および「公布文」が付されていることから知ることがで
きる。しかし、この規則は本則10か条という簡素なもので（現行のものは、
2018〔平成30〕年施行）趣旨、定義、職員の責務、行政文書管理責任者の
設置、行政文書の分類・作成・保存・廃棄、電磁的記録の管理および委任
規定からなり、それを受けて必要事項を「別に定める」としている（これ
を受けた別段の規定があるかは、不明）。

　ただし、これとは別に「公文書館条例」およびその委任規則である「公
文書館条例施行規則」を有しており（2001年4月1日施行）、館外利用を含
む「閲覧」の申請制度と「利用制限」を柱とする歴史的公文書管理ルール
の条例化が成ったともいえる。当該条例自体は、公文書館法（昭和62年法
律115号）5条2項および「公の施設」の設置・管理条例主義を採用する
地方自治法244条の2第1項を直接の根拠とするものであるが、結果的に、
《条例化の努力義務》（公文書管理法34条）を（少なくとも半分は）果たした、
と言えないであろうか。

⑷　髙橋教授の所説

　努力義務に関連して「規則」制定の可能性につき比較的詳しく論及して
いるのは、髙橋滋教授である。「公文書管理の在り方等に関する有識者会
議最終報告」（2008年11月4日）を契機として「地方公文書管理法制の原
状と課題」を論じた中で教授は次のように言う。①公文書管理体制が未整
備な自治体が多く、廃棄・歴史的公文書の保存・移管等についても法令上
の手当が必要。②今後は、必要な制度構築のための努力義務が自治体に課
されることとなるが、その際まずもって問題になるのは「法形式」のこと
である。③「首長制」をとる自治体において、「少なくとも知事部局につ
いて統一的な文書管理体制を規則によりとることは可能」であるし、「知
事が定めた文書管理担当機関」が「各部局に作成、管理、保存の体制を監
督指導する制度」を採用することも可能である。さらには、④公文書管理
に関するルールが「行政内部のもの」にとどまると考えるなら、「訓令の
形式で規律」しても《行政機関に対する内部的拘束力》を有するため、内
容がしっかりしていれば問題ない、とする見解も成り立つ＊。教授自身の
条例化に関する所論はあとで触れるが、規則・規程（訓令）による規律の
正当化論としても参考になる。

＊以上、高
橋滋「地方
公文書管
理法制の
原状と課
題」ジュリ
スト1373号
（2009年）48
頁以下参照。

5 条例化肯定説の検討

⑴ 条例化を求める諸見解

以上の考察を踏まえて、努力義務の内容として、条例化が含まれると考えるべきか、検討してみたい。まず筆者の目に触れた諸説(学説中心)をアト・ランダムにあげてみよう。

【A説】本法の趣旨にのっとり、「公文書館に移管された歴史公文書等に対する住民の利用請求権を保障するのであれば」、努力義務を履行したと言えるためには公文書管理条例の制定を要するとする。その理由は、利用請求権の保障に伴う「利用制限」が《住民の権利制限》をもたらすこととなり、地方自治法14条2項の必要的条例事項に該当するからである*。

【B説】移管後の特定歴史公文書等の利用を、情報公開法の「開示請求権」と同様な「利用請求権」として位置づけたことにより、各自治体で現在のみならず「将来の住民に対する説明責務」をも全うすべきと考えるならば、「条例で『利用請求権』について定めることが望ましい」**。

【C説】今回の制度改正は、公文書の適切な管理が現用文書についての情報公開・個人情報保護制度の適切な運用の成否を左右する重要な意義を持つだけでなく、「現在の国民が過去の意思決定の過程を知り、かつ、将来世代に対する行政の説明責任を確保する上で不可欠であることを踏まえたもの」であるため、少なくとも情報公開条例・個人情報保護条例を保有している団体においては、歴史的公文書の閲覧等・移管・廃棄については、「条例によって基本的措置をとる」ことが求められる。《現用文書の作成・利用・保存は情報公開・個人情法保護制度の前提ではあっても仕組みそのものではないから法律・条例の規律対象とする必要は無いという理解》は、本法の制定により改められ、公用文書の管理も改められるべき。そして、「歴史的公文書の閲覧」に係る「請求権」付与がもつ趣旨を明確にするためには、規則の形式をとるのではなく、住民の代表である議会の定めた条例によることが望まれる***。

【D説】条例により公文書等を管理する必要がある理由として、①公文書等は「公共用物」としての性質を併有するためその管理には「住民同意＝条例」が必要、②条例でないと組織横断的な管理が行えず、法人文書の管理も当該法人に義務を課すことになるので条例でなければならない、③

* 宇賀・逐条公文書管理255頁。

** 藤原静雄＝七条浩二『条文解説公文書管理法』(有斐閣、2013年)192頁(七条)。

*** 以上、高橋・前掲ジュリスト1373号55頁、髙橋＝斎藤＝藤井『条解行政情報関連三法』(弘文堂、2011年)178頁(高橋)参照。

＊早川和宏「公文書管理のあり方」アカデミア132号（2019年）35-36頁。なお、同「公文書管理条例策定において留意すべき事項」アーカイブズ43号40頁以下も参照。

自治体全体としての統一的な特定歴史公文書等の管理は、条例が必要であり、④利用請求権を認める場合、その制限は条例でないとできない＊。

(2) 若干の検討

①A説・B説・D説―④…《利用請求権の保障に伴う利用制限》が、必要的条例事項のうち《義務を課し権利を制限する》規律（地方自治法14条2項）に該当することをもって、条例化の論拠とするものである。趣旨は明確であるが、利用請求権と利用制限との関係をそのように《はじめに利用請求権ありき》ではなく、むしろ《制限付き利用請求権》として保障されるものと解すると、《利用請求権の保障＝権利制限》とはならないと思われる。

②B説・C説…公文書管理がもつ将来世代に対する説明責任の重要性に照らし、訓令や規則ではなく、住民代表議会が定めた条例によることが望ましいとする。重要事項だから議会制定法で定める、という趣旨か。

③D説―②③…これは、②組織横断的な管理、③自治体全体としての統一的な管理のためには条例が必要というもの。現行の公文書管理規則等では首長部局中心の定め方となっており、情報公開条例が通常「実施機関」として長以外の執行機関・公営企業管理者等を網羅的に規律しているのと対照的である。条例化すれば、公文書管理条例一本で統一的・横断的な立法がし易くなることは確かであろう。

④D説―①…公文書の利用＝公共用公物の自由使用、あるいは設置・管理条例主義をとる公の施設との類比によって、条例の必要性を説くもののようである。もっとも、《住民みんなの利用》に開かれていることから、なぜそのような帰結（住民による公文書管理）が導かれるのか、必ずしも明確ではない。

(3) 条例化論の擁護―条例化による「格」の付与

「公文書管理法」は「主権者である国民が主体的に利用」することができるという「権利義務関係を規定したわけですから」同法の趣旨にのっとって、自治体では「条例で規定するという考え方になるのが普通」＊＊という実務家の発言があるが、存外当を得た指摘といえるかも知れない。条例化の問題は、普通に考えれば条例化の是非ではなく、いつまでに実現するかというタイミングの問題になるのではないか。そうとすれば、「常識的」に考えて、《今すぐには困難でも、今後計画的に見直しの機会を設けて、

＊＊宇賀克也＝石原一則＝岡本信一＝高山和文「座談会・公文書管理法をめぐって」ジュリスト1393号（2010年）18頁（石原発言）。

条例化を図る》という結論にならないか。確かに、《利用請求権》の重み
は否定できないが、それだけでなく、現用文書の作成・取得、業務での利
用、廃棄または公文書館等への移管、歴史的公文書としての保存・利用と
いった《公文書等のライフサイクル全体》への目配りが必要であろう＊。
先に検討した諸見解の中には、情報公開・個人情報保護の２条例の存在を
前提として、これに公文書管理条例を加える必要があるという趣旨で条例
化を求めるものも少なくないと思われる。条例によるか規則（内規を含む）
によるかという問題は、当該法規範の「格」（そして、それにふさわしい効力）
に関わる。公文書管理に関する法が情報公開や個人情法保護に関する法に
劣位するという合理的な理由があるか、疑問である。

＊宇賀・逐
条公文書管
理Ⅳ頁。

（稲葉　馨）

第1部　公文書管理制度の設計課題

第1章　公文書管理制度に係る条例化の意義

自治体において公文書管理制度を条例により規定する場合の意義について、自治体同士の比較も踏まえつつ、各論的な観点から概説する。以て、制度設計上の課題を描出することも視野に入れる。

1　条例化か、規則・規程等か？

公文書管理法は34条において、自治体については「**この法律の趣旨にのっとり**、その保有する文書の適正な管理に関して必要な施策を策定し、及びこれを実施するよう努めなければならない」と規定している。つまり、施策の策定・実施自体が**努力義務**であるにすぎず、まして、条例制定によるか否かについては、自治体の自由選択に委ねられている。

しかし、**この法律の趣旨**について、「現在及び将来の国民に対する説明責任が全うされるようにすること（同法1条）」とする目的規定を強調するならば、それにのっとるためには、条例制定が求められる事項がありうる*（序章②）。

一方、実際の状況としては、全都道府県で条例等を制定し、市区町村の97％（1694団体）は条例等を制定しており（令和4年4月1日現在）、なんらかの公文書管理制度を備える自治体が多数であるといえるものの、そのうち、条例制定は、都道府県15団体、市区町村38団体にとどまる（令和4年7月19日現在）**。

条例以外の形式としては、規則、規程、要綱等がありうるが、条例以外の形式をとるものについては、いずれも当該団体における内部的規範にすぎないものといえる。

本章では、自治体が、公文書管理制度について、他ならぬ条例を以て規定する意義について、個別的な事項について各論的な観点から（総論的、

*参照、宇賀・情報公開と公文書管理419頁。

＊＊参照、（一財）地方自治研究機構ウェブサイト「公文書管理に関する条例」http://www.rilg.or.jp/htdocs/img/reiki/019_officialdocument-management.htm（2023年1月4日閲覧）。

＊宇賀・逐条公文書管理338頁以下。早川和宏「地方公共団体における公文書管理条例の状況と特色」中京大学社会科学研究所アーカイブズ研究プロジェクト編『地方公共団体における公文書管理制度の形成：現状と課題』（公職研、2017年）67-111頁（80頁）。

＊＊宇賀・逐条公文書管理10頁。

＊＊＊公文書管理法制定前において、歴史資料として重要な公文書等の移管、保存、利用等については、(旧)国立公文書館法等が規定していた。

＊＊＊＊早川・前掲論文（2017年）76頁。

理論的な観点については 序章② ）、既に制定されている公文書管理条例についての比較も行いつつ、見てゆくものとする（→2）。

　検討対象とする事項としては、公文書管理に関して条例制定によるべき事項やその理由について検討する先行研究＊を参考とし、次の通りとする。

①　オムニバス方式のルールとして規定（公文書管理制度の建て付けとして）
②　コンプライアンスの確保（法9、12条関係）
③　公文書管理委員会の設置、外部有識者や専門家の知見の活用（法5章関係）
④　特定歴史公文書等に対する利用請求権の創設（法16、20、21条関係）
⑤　国立公文書館等に相当する組織の設置（法14、15条関係）
⑥　住民の関与について（自治体について独自に想定されるものとして）

　次いで、これらを総覧した上で、若干のまとめを行い、地方自治体が公文書管理条例を制定する上での課題について言及する（→3）こととする。

2　各々の事項についての概説と検討

⑴　オムニバス方式のルールとして規定

　公文書管理法は、「現用文書と非現用文書を包括した公文書のライフサイクル全体を対象としたオムニバス方式の一般法」であるとされる＊＊。そうであれば、現用文書に関する情報公開制度あるいは非現用文書たる特定歴史的公文書等に関する規定＊＊＊が法律により定められている以上、それらを包括した一般法たる公文書管理に関するルールは、当然、法律制定によるべきであろう。そして、「このライフサイクルが公文書管理法により規律されたということは、公文書等の管理を国民のコントロール下に置くという考え方に基づいて」いる＊＊＊＊、とされる。

　こうした公文書管理法の趣旨に鑑みるならば、自治体においても、現用文書のみならず、非現用文書をも包括した公文書のライフサイクル全体を対象としたオムニバス方式の一般法として定めるべきであり、現用文書にかかる情報公開について情報公開条例により規定しているのであれば、その一般法たる公文書管理のルールについても条例制定によるべきこととなる。

　そして、条例制定により公文書等の管理を国民・住民のコントロール下に置く、ということは、行政の内部的な取り決めから住民に対する義務、

すなわち、民主化することを意味し、そのことは、適切な文書管理についての住民によるチェックの必要性（→⑹）の根拠ともなりうる。

また、その前提として、当該団体内部における文書管理に関するコンプライアンスの確保も求められることとなる（→⑵）。

逆に、条例制定によらない場合、その自治体においては、公文書は依然として公用物（直接的には行政機関の用に供せられる公有財産）であり*、その適切な管理は住民に対する責任でもなく、現用文書と非現用文書の管理、公開（利用）等に関してはその法体系を異にするセグメント方式を維持することを宣言することと等しいといえよう。

なお、公文書管理法3章は、独立行政法人等の職員等が作成・取得した法人文書についても、管理や移管その他のルールについて行政文書同様の統制を及ぼすことを規定している。

自治体についても、同様に、実質的に当該自治体の一部をなす法人（独立行政法人、地方3公社）の文書管理についても公文書管理条例で規律すべきであろう**と考えられる。さらに、自治体と密接な関係がある出資法人に対する指導、出資法人の努力義務を置いておくことが望ましく、加えて、指定管理者については、行政事務を代行している限りにおいて、文書管理条例の実施機関とすることも可能であると考えられる***。（各条例おける規定例について **第2章**）

このような**自治体そのものではない外部の法人等について公文書管理に関するルールを定めるためには、首長等の規則制定権によることはできない**（規則制定権者の権限に属しない****）ため、条例制定によることが必要となる。あるいは、外部の法人等に対する指導など管理的影響を及ぼすための根拠としては、やはり、自治体のルールたる条例制定による必要があろう*****。

そうであれば、条例制定によらずに公文書管理についてのルールを定めようとする場合には、**外部の法人等のそれについては、一切の義務づけを行わずに、内部基準にすぎないルールについて、当該法人等に任意の遵守を求めるような方式で実施するほかないことになろう。**

⑵　コンプライアンスの確保

公文書管理の民主化は、その前提として、必然的に、当該団体内部における文書管理に関するコンプライアンスの確保も必要とする。

＊宇賀・逐条文書管理10頁は、公文書管理法の制定は、公文書の位置づけを、公用物から公共財産（直接国民等の用に供せられる公有財産）に転換するという意義を有すると指摘する。

＊＊宇賀・逐条文書管理342頁。

＊＊＊宇賀・逐条公文書管理342-3頁。

＊＊＊＊参照地方自治法15条、149条。

＊＊＊＊＊但し、その場合でも、地方独立行政法人、出資法人、指定管理者等の自律性独立性を確保した上で、その統括管理をする必要があることはいうまでもない。参照、宇賀・逐条公文書管理338頁。

公文書管理法は、各々の実施機関あるいは独立行政法人等の文書管理状況について、その長への報告の義務づけ（9条1項、12条1項）、行政機関の長あるいは独立行政法人等による当該報告結果の概要の公表（9条2項、12条2項）、各々の実施機関における研修（32条）についても規定している。

自治体においても、同様のルールを条例によって規定すべきであろう＊。また、同法においては、内閣総理大臣に公文書管理の司令塔たる内閣府の長として権限が付与されているとされる＊＊。すなわち、内閣総理大臣は、行政機関の長に、行政文書管理に係る報告、資料の提出を求め、または当該職員に実施調査させることができる（9条3項）とする。そして、行政機関の長が規則の制定・変更をする際には、予め内閣総理大臣への協議、同意を要する（10条3項）こととし、本法実施のために特に必要と認める場合に行政機関の長に対して改善勧告を発出し、その措置について報告を求めることができる（31条）と規定する。

自治体においても同様な体制を布くのであれば、やはり首長等の規則制定権によることは執行機関の多元主義の観点から問題があるため、**各々の執行機関や独立行政法人等に対して条例によってコンプライアンス確保に関する規定を置くとともに、司令塔としての機関の長に統括的な権限を規定することが考えられる**（但し、首相よりは後退したものとならざるをえないと指摘されるところである＊＊＊）。

(3)　公文書管理委員会の設置、外部有識者や専門家の知見の活用

公文書管理法5章は、外部の有識者の知見を活用する仕組みとして、内閣府に公文書管理委員会を設置することとしている。

同法における公文書管理委員会の権限は、大きく分けて2種類あり、第1に、特定歴史公文書等についての利用請求に対する処分または利用請求に係る不作為について審査請求がなされた場合における諮問機関として調査審議を行うこと（21条4項）、第2に、29条各号に規定される各事項について諮問機関として調査審議を行うこと（詳細は 第18章 3）である。

自治体においても、同様にこれらの権限について、公文書管理委員会を設け、担当させることが想定されるが、新たに審議機関たる附属機関を設置するためには、条例制定が必要である（地方自治法138条の4第3項）。

第1の権限については、情報公開・個人情報保護委員会の審議内容との類似性から、同委員会の権限に加えるという方式もありうる（島根県、鳥

＊宇賀・逐条公文書管理343頁。

＊＊宇賀・情報公開と公文書管理430頁。また、同書によれば、『法では、従来、コンプライアンス確保の仕組みが不十分であり、それが問題を惹起したという反省に立ち、総括管理機関によるコンプライアンス確保のための仕組みを導入した、とされる。

＊＊＊宇賀・情報公開と公文書管理433頁。

取県など）。その際、第2の権限についての専門性に鑑みると、独自の第三者機関を設置することが望ましいように思われるが、そうしない場合には、既存の委員会に公文書管理や歴史公文書等に関する識見を有する委員を加えるなどの対応が必要となろう（詳細は 第18章 ）。

⑷　特定歴史公文書等に対する利用請求権の創設

公文書管理法 16 条は、「国立公文書館等の長は、当該国立公文書館等において保存されている特定歴史公文書等について……利用の請求があった場合には、次に掲げる場合を除き、これを利用させなければならない。」と規定し、その例外としての利用制限事由を規定している。同条に基づき、国民には、特定歴史公文書等について利用請求権が認められ、請求に対する利用制限決定や不作為に対して行政不服審査法による審査請求や行政事件訴訟法による抗告訴訟をすることができる。また、行政手続法に基づき審査基準を定め公にしておく義務も課され（5 条）、利用制限決定を行う場合には理由の提示が求められる（8 条）。

自治体においても、公文書管理法 34 条の「この法律の趣旨」にのっとる努力義務にいう、「この法律の趣旨」の核心には、「現在及び将来の国民に対する説明責任が全うされるようにすること（1 条）」が存することに鑑みれば、特定歴史公文書等の「利用」について、住民に対して現用文書についての情報公開条例に基づく開示請求権と同等の権利を保障することは必須であるといえる。そして、そのような権利義務に関わる規範の新設は、条例制定による必要がある（地方自治法 14 条 2 項）。

特定歴史公文書の利用について全く規定のない場合はもとより、条例以外の規則、規程等による場合（例えば、豊島区では公文書管理規程（37 条）によって規定している）には、行政手続条例や行政不服審査法、行政事件訴訟が適用されず、利用請求権の保障等に関して劣後することとなる。

⑸　国立公文書館等に相当する組織の設置

公文書管理法 1 条においては、現在のみならず将来の国民に対する説明責任も念頭に置かれていることが特筆されるところ、現在の意思決定等に係る公文書が年月の経過により廃棄されてしまったのでは、将来において、その意思決定等の過程を知ることができなくなってしまう。そこで、「国立公文書館等に移管が行われた非現用の特定歴史公文書等について」も、「本法で説明責任を全うすることになった」*とされる。同法 4 章は、歴史

＊宇賀・逐条公文書管理36頁。

23

的に重要な文書を受け入れ、その保存、利用等を担当する施設、機関としての国立公文書館等について規定している。

　自治体においても、特定歴史公文書等について、専門の施設を設置し、そこに専門知識を有する職員を配属し、それら文書等を受け入れ、保存等の任務にあたることとするのが望ましいであろう。その場合、そのような施設は「公の施設」に該当すると考えられ、その設置には条例制定が必要である（地方自治法244条1項、公文書館法5条2項）。

　特定歴史公文書等の移管先機関が存在することで、現用文書に対する開示請求の場合にはない、非現用文書についての利用制限事由に関する「時の経過」の概念（ 第14章 ）の適用が可能となるというメリットが考えられる。

　また、著作権法18条3項の、いわゆる「見なし同意」*の適用の問題がある。同項は、この、「みなし同意」規定が適用されるためには、「公文書管理条例」、「地方公文書館等」が存在することを必要としている＊＊。

　（地方）公文書館の所管部局としては、首長部局とする例が多いようであるが、教育委員会とするものもみられる（新潟県、山口県など）。国立公文書館等に相当する組織について、詳細は第4部を参照されたい。

⑹　住民の関与について

　公文書管理法の規定にはないものの、自治体の公文書管理において条例制定により実施しうるものとして、住民の関与にかかる制度の創設がある。公文書管理について民主的統制を及ぼすことが公文書管理法の趣旨の一つであるならば、検討すべき問題であろう。

　ひとつの手がかりとして、公文書管理法25条は、特定歴史公文書等の廃棄にあたって内閣総理大臣の同意を要するものとするが、自治体の場合、特定歴史公文書等の管理等の権限については、首長自身に置くとする例が多い（山形県条例4章など）。その場合、29条2号と同様に、特定歴史公文書等の廃棄に当たって首長が公文書管理委員会に諮問するという形式も取りうるが、加えて、鳥取県条例においては、公文書館長が特定歴史公文書等を廃棄しようとするときに、当該文書の名称等を公表することを義務づけ（23条2項）、廃棄に異議のある者は、廃棄の措置をとらないように求めることができるとする（同条3項）。廃棄についてのパブリック・コメント制度ともいえる＊＊＊ところ、現用文書の移管あるいは廃棄に当たって、

＊著作者が、その著作物でまだ公表されていないものを行政機関等に提供した場合、公表の同意をしたとみなす、とする仕組み。

＊＊早川・前掲論文（2017年）68頁以下は、この点について、施設を伴わない機関のみの設置でも同項が適用可能であるか否かについて検討を行っており、参考になる。

＊＊＊宇賀逐条公文書管理318頁。

その目録を公表し、パブリック・コメントを経るという手法も考えられる（そこまではいかないものの、公文書及び歴史公文書等の廃棄に際して目録を公表することするものとして渋川市公文書の管理に関する条例（9条6項、34条）などがある）。

3　まとめ、課題

　以上、各論的な観点から各々の事項をみてきた上でいえることとして、まず、少なくとも、条例制定による特定歴史公文書等についての利用権の創設は、必須であると思われる。それは、公文書管理法の趣旨からも、自治体の住民への権利保障の観点からも要求されることであろう。

　次に、自治体における執行機関の多元主義が条例制定の必要性を高めている部分があると思われる（詳細は→2(2)）。また、それゆえに、条例と規則、規程との適切な役割分担について配慮しつつ、実定する必要がある。

　そして、課題として、各々の自治体の特性に合わせた制度設計及び構築が求められており、それにいかにして応えるかという点があろう。特に、財源や人員等のリソース不足により、国立公文書館に相当する施設の設置が困難な場合がある。また、公文書管理委員会を独自に設置するのではなく、情報公開審査会等の既存の第三者機関の権限を拡大して公文書管理に必要な業務を担当させる例などもみられた。国の公文書管理体制を自治体にそのまま移設する必要はなく、**それぞれの特性に応じたアレンジを加えつつ、公文書管理に関して住民への説明責任を果たすことのできる制度を設計、構築することが重要**であり、それこそが、公文書管理法の趣旨にのっとることとなるであろう。

（和泉田保一）

第2章　自治体条例の必要性と実務上の影響

＊国立公文書館令和2年度アーカイブズ研修Ⅲ修了研究論文、池川滋彌『公文書管理法に準拠した公文書管理条例の現状分析及び制定における論点』において、38条例をより詳細に比較分析しているため、参考にされたい。

> 公文書管理制度を条例化する必要性や都道府県・市町村レベルでの制度設計上の具体的課題など、統計的な観点から、制度設計の現状を取り上げる。この場合、公文書（現用文書）および歴史公文書等（非現用文書）のそれぞれの作成・管理（整理）・保存等をめぐり制度化しようとする場合に、実務担当者にとってどのようなポイントを考慮に入れるべきかを念頭に置いて、概説する＊。

1　公文書管理条例の制定の現状と制定による効果

　公文書管理条例とは、「地方公共団体が制定する公文書の管理に関する基本的事項を定めた条例」ということになる。内閣府が調査した「地方公共団体における公文書管理の取組調査」（令和4年4月1日時点）によると、同日時点で公文書管理条例を制定している団体は、51団体（14都県、6政令市、23市2区6町）となる＊＊。条例制定の効果は、①適正な行政運営及び住民の開示請求権の基礎となる適正な現用文書管理を担保、②住民の歴史公文書等を利用する権利のあり方を規定（地方自治法14条2項）、③地方公共団体の執行機関・議会等が統一的な公文書管理に取り組むことを担保、④公文書の管理に関する附属機関を設置することができる（地方自治法138条の4第3項）、⑤公文書の管理に関する罰則を制定できる（地方自治法14条3項）、ことが挙げられる。前述の51団体の条例は、必ずしも①〜⑤の全ての事項を規定しているとは限らず、当該団体の制度設計を踏まえて、必要な事項が規定されている。個別に見れば、①は規則や職員に対する命令で、②は公文書館の設置及び管理に関する条例で、③は各機関の申し合わせで、④・⑤は情報公開条例の拡張で対応できるかもしれない。しかしながら、**現用文書から非現用文書まで団体を通じて一貫した理念により総合的に公文書管理を行うことを担保するには、公文書管理条例の制定が不可欠**であろう。

＊＊同調査中公文書館条例など専ら非現用文書の管理を規定する条例及び情報公開条例中に公文書の適正管理を規定するものを除く。同調査時点以降に制定された岩手県及び香川県さぬき市を加え、第1章1pの53団体となる。

2　先行条例の制定内容と制定に当たっての課題

⑴　先行条例の制定範囲

　本章では、公文書管理条例を制定している 51 団体のうち、公文書管理法の影響を特に受けている同法公布以後に制定された 47 団体の公文書管理条例（「先行条例」と記述することとする。）の規定について、規定内容を概説し、公文書管理条例の制定において特に注意すべき課題を述べる。

　先行条例を大別すると、①現用文書に関する規定（公文書管理法第 2・3章相当）及び非現用文書に関する規定（公文書管理法第 4 章相当）を置く条例と②現用文書に関する規定のみを置く条例とに分かれる。本来公文書管理法の理念を全うするためには、①のように現用文書と非現用文書の一貫的なルールを定めることが望ましいことはいうまでもないが、②のような制度設計になる場合として、㋐公文書館を設置済みであり、公文書館の設置及び管理に関する条例等に非現用文書に関する規定を整備している場合、㋑公文書館等を設置しておらず、歴史公文書を現用文書のまま永年保存する制度設計にする場合、の 2 通りが考えられる。㋑の場合は、歴史公文書の利用についても、情報公開条例及び個人情報保護法（条例）*の開示請求を用いることになるが、1 点注意すべき課題として、公文書管理法の特定歴史公文書等の利用請求では、開示請求における非開示情報であっても、「時の経過を考慮」（公文書管理法 16 条 2 項）して利用の可否を判断することになっている。これは、国際的な慣行である 30 年ルール（特歴ガイドライン 11 条 3 項参照）を踏まえたものであり、同ルールを踏まえた運用をするためには、情報公開条例と個人情報保護法（条例）の開示請求の特則（「歴史公文書に係る情報公開条例及び個人情報保護法（条例）の開示請求については、時の経過を考慮するものとする。」等）を条例に設けておくことが望ましい。

⑵　先行条例の公文書管理制度を実施する機関

　条例制定の効果の 1 つとして、首長をはじめとする地方公共団体の執行機関・議会等が統一的な公文書管理に取り組み、一定水準の公文書管理を担保することであることは前述のとおりであるが、先行条例の公文書管理を実施する機関は表 1 のとおりである。

　これらの機関は、「実施機関」又は公文書管理法の「独立行政法人等」

> ＊デジタル社会の形成を図るための関係法律の整備に関する法律により地方公共団体の機関（議会を除く。）及び地方独立行政法人は、令和 5 年 4月 1 日から個人情報保護法を直接適用する。

表1　先行条例の実施機関の範囲（法人文書とする機関等を含む）

実施機関の範囲	都道府県	政令市	市区町村	計
首長	14／14	4／4	29／29	47／47
議会	9	4	29	42
行政委員会等	14	4	29	47
都道府県警察本部長等*	14	0	0	14
消防長／消防総監	1	2	8	11
公営企業管理者	14	3	13	30
地方独立行政法人	11	1	2	14
地方3公社**	5	1	3	9

＊東京都は、警視総監
＊＊土地開発公社・地方住宅供給公社・地方道路公社

に準拠する「地方独立行政法人等」などとして定義されており、その**範囲は概ね*情報公開条例の実施機関と一致する。**この一致は、公文書管理条例に基づき管理された文書が情報公開条例の開示請求の対象となることを考慮すれば合理的な範囲ということになろう。

　また、出資法人や公の施設の指定管理者に対しては、適正文書管理の努力義務を課す先行条例が多数派を占めるが、兵庫県のように公の施設の指定管理者に対しては義務とする条例もある。

*例外として、情報公開条例を行政機関と議会で別に制定しながら公文書管理条例の実施機関に議会を含める世田谷区のほか、情報公開条例の実施機関である地方3公社、出資法人、指定管理者、地方独立行政法人などを公文書管理条例の実施機関から除外する事例が見られる。

表2　先行条例の現用文書の管理に関する規定

規定内容	都道府県	政令市	市区町村	計	公文書管理法との比較
文書作成義務	14／14	4／4	29／29	47／47	概ね法と同様の規定
整理	14	4	29	47	一部省略する条例も
保存	14	4	29	47	集中管理を省略する条例も
文書ファイル管理簿	12	4	25	41	情報公開条例の資料の活用も
移管又は廃棄	14	4	29	47	廃棄は全条例、移管は後述
管理状況の報告・公表	12	4	22	38	首長による調査権など
文書の管理に関する定め	14	2	19	35	審議会等への諮問など

⑶　先行条例の現用文書の管理に関する規定

　先行条例の現用文書に関する主な規定内容を表にまとめると**表2**のとおりである。先行条例は、概ね公文書管理法第2章の条立てに沿った規定をそれぞれ置いていることがわかる。現用文書の管理に関して注意すべき点は後章で触れるが、先行条例の規定内容を概括すると、以下の特徴がある。

　「作成」規定は、ほぼ全ての条例が公文書管理法4条に準じた規定を置く（作成実務について **第4章** ）。「整理」規定は、ほとんどの条例が公文書管理法5条に準じた規定を置くが、同条2項の「ファイルの編纂義務」、同条5項の「レコード・スケジュールの設定義務」*に関する義務規定を省く条例もみられる。「ファイルの編纂義務」については、執行機関ごとの文書管理のルールを踏まえ、条例施行規則その他の下部規程事項とすることも考えられるが、「レコード・スケジュールの設定義務」については、公文書館等への移管を行わずに現用文書として永年保存する団体であっても、できる限り早い段階で歴史公文書を判断する制度を条例で規定することが望ましい。「保存」規定は、ほぼ全ての条例が公文書管理法6条1項に準じた規定を置くが、同条2項の「集中管理努力義務」については29条例にとどまる。（管理・保存実務について **第5章** から **第7章** ）

　「文書ファイル管理簿」規定は、公文書管理法第7条に準じた作成義務規定を置く条例が41条例である。「文書ファイル管理簿」は、住民が開示請求を行うための資料とするとともに、行政機関が管理する文書の内容を把握し適正な管理に資する文書管理の基盤となるツールであるが、代替規定として、既存の情報公開条例の検索資料（開示請求用の文書検索システムなど）を活用する条例**も見られる。

　「移管又は廃棄」規定は、現用文書の管理に関する規定中、先行条例の規定内容が最も多様である。大別すると、①歴史公文書を公文書館等に移管する制度設計のため、公文書管理法8条に準じた移管・廃棄規定を置く条例、②歴史公文書を公文書館等に移管せず、現用文書として管理するものの、首長等の歴史公文書管理機関により集中管理する制度設計とし、歴史公文書管理機関への移管（引継ぎ）又は廃棄を定める条例、③各実施機関が現用文書のまま歴史公文書を永年保存する制度設計のため、廃棄のみ又は廃棄及び歴史公文書を永年保存することのみを規定する条例、に分かれる。

*「ファイルの編纂義務」、「レコード・スケジュールの設定義務」を規定する条例は、それぞれ、37条例、40条例にとどまる。

**東京都、愛媛県、小平市、野洲市

　また、**公文書管理条例の要諦は、歴史公文書の選別、すなわち、どのような文書が永久に保存・利用される歴史公文書であるかの決定にあるが、先行条例は、適正で確実な選別に資する様々な制度設計を織り込んでいる。**多くの条例で、「移管廃棄時に選別が適切に行われているか歴史公文書管理機関（歴史公文書の利用請求を受ける機関。公文書館を所管する実施機関である場合が多い。）への協議、報告をする義務」を設けており、さらには、「歴史公文書管理機関に廃棄同意権」又は「歴史公文書管理機関が実施機関に保存措置を求めることができる権能」を与える条例も多い。さらに、公文書管理法を上回る丁寧な選別として、「現用文書の廃棄等の審議会等への諮問」を義務づける条例も少なくない（評価と移管・廃棄について 第8章 ）。

　「管理状況の報告・公表」規定については、公文書管理法第9条第1項に準じた「報告」を規定する条例が34条例、同条第2項に準じた「公表」を規定する条例が38条例である。一方、同条第3項の内閣総理大臣の調査権に相当する「首長等の調査権」は21条例にとどまり、実施機関の独立性を尊重して、「首長等の助言」等とする条例も多い。

　「文書の管理に関する定め」規定は、公文書管理法第10条に準じた制定義務を規定する条例が35条例ある。また、適切な定めを確保するための制度設計として、「首長への協議」「審議会等への諮問」を義務づける先行条例も10条例ある。

　⑷　先行条例の非現用文書の管理に関する規定

　先行条例の非現用文書に関する規定は、歴史公文書を公文書館などに移管し、現用文書と異なる管理を行う36条例に限られるが、「歴史公文書の保存」「利用請求」「利用の促進」「歴史公文書の廃棄」「保存及び利用の状況の報告」等、概ね公文書管理法第4章に極めて準じた規定としていることが認められる（歴史公文書等の管理について 第10章 から 第17章 ）。

　⑸　先行条例の公文書の管理に係る審議会等に関する規定

　先行条例中、38条例が審議会等の第三者機関を活用する。その内訳は、「公文書管理条例で新たに審議会を設置する」24条例と「情報公開条例等の他条例の審議会を活用する」14条例に分かれる。「情報公開条例等の審議会を活用する」条例の審議会は、「利用請求に係る審査請求の審査機関」事務のみを担う場合が多い。一方、「公文書管理条例で新たに審議等を設置する」先行条例は、当該審議会に様々な担当事務を持たせる傾向にある。

主な事務を挙げると、「文書管理の例規等の制定改正時の諮問に対する答申」、「現用文書・非現用文書の廃棄時の諮問に対する答申」、「非現用文書の利用請求に係る審査請求の審査」、「文書管理に関する重要事項の建議」である。一部の団体は、公文書管理・情報公開・個人情報保護に共通する審議会を設置しており、開示請求及び利用請求の審査請求の審査内容の整合を図ることができる点で有益であろう。

　また、罰則を設ける先行条例は、13条例あるが、全て審議会等の委員の守秘義務違反に対する罰則であり、量刑は、地方公務員法の守秘義務違反の罰則と同等の1年以下の懲役＊又は50万円以下の罰金とする条例がほとんどである（公文書等管理委員会の機能と役割について 第18章 ）。

> ＊刑法等の一部を改正する法律（令和4年法律第67号）により「拘禁刑」となる。

(6)　公文書管理条例の下部規定の整備について

　本章では、先行条例の規定内容を概説した。序章で述べたように公文書管理法は、自治体に制度の一元化を求めているわけではなく個々に制度設計が行われるため、先行条例の規定内容は、極めて多様であり、制度設計のアイデアの宝庫である。公文書管理条例の制定に当たっては、本書で記述する要点を押さえた上で、公文書管理法の知見を活用し、先行条例の知見も確認しながら、制度設計を行うことが近道であろう。一方で、各自治体は、既存の公文書管理の知見と当該管理に慣れた人材を擁する。これらのレガシーを活用することもまた、効率的な公文書管理の近道に違いない。国の公文書管理制度は、法・政令・ガイドラインからなり、ガイドラインに公文書管理の実務的な内容が規定されている。公文書管理条例の制度設計も、条例の理念を基盤として、どのように文書を作成し、整理し、保存し、移管・廃棄するか、そして、歴史公文書をどのように永久保存し、利用に供するかが重要である。これらは、条例施行規則、文書管理の定め、利用等規則などにより規定される内容であり、そこでは、既存の文書管理のレガシーとどのように折り合いをつけ、適正で効率的な文書管理を行うかが鍵となる。したがって、これらの下部規定をどのように整備するかを十分に検討して、公文書管理制度を設計することが、公文書管理条例の制定において、最も難しく、最も重要な点であることを指摘したい。

　あわせて、公文書管理制度と密接な関係がある情報公開制度・個人情報保護制度との整合、条例施行日前に作成され、保存されている公文書の取り扱いについても十分な検討が必要である。

（池川滋彌）

第2部　公文書等の作成・管理（整理）・保存等

第3章　公文書等（現用文書）に求められる関連実務

> 公文書管理制度のうち、現用文書に求められる一連の関連実務について、国のガイドラインに示された内容を踏まえて、その課題を概観する。

1　現用文書の意義

　現用文書とは、行政機関が現に利用する文書として、歴史的な意義を持つ公文書*とは意味を異にした文書を指す（**序章①**）。現用文書は行政機関が組織的に共用する文書（組織共用文書）として情報公開・個人情報保護制度に基づく開示等請求の対象となり、現に行われている行政活動を裏付ける根拠資料として高い信頼性が求められる。国民・市民の側にとっては、そのような行政活動の存在について説明責任が果たされることを期待・確認できることを意味し、健全な民主主義の根幹を支えるものと表現されることもある。このため、当該文書がありのまま存在していることが重要であり、文書が書き加えられたり（改ざん）、散逸したりすることはこのような重要性に悖（もと）ることから、一定のルールの下で作成、管理（整理）・保存されることが期待される（実際の目的は→**3**）。

　以下では、現用文書において求められる関連業務をまとめて示すこととし、詳細は関連各章に委ねる。

> ＊自治体の情報公開条例では、「公文書」を開示請求の対象として定義することが多い。東京都情報公開条例等。

2　作　　成

⑴　義務化の必要性

　公文書管理における作成義務の概念は、情報公開制度の目的である**行政機関の説明責任を果たすスタート地点**を意味する点において、非常に重要

な意義を有する。文書が必要な場面・適切なタイミングにおいて作成されていなければ、説明責任を十分に果たすことができないからである。

　もっとも、説明責任を果たす行政文書（公文書）が一体どのようなものかについて、一義的に決まるものではない。例えば、重要な政策決定に関わる会議の議事録（会議録、議事録などと称される。以下、「議事録」という）は、決定をスムーズに運ぶ上で作成されなかったり、いったん作成されても廃棄されるケースが考えられるが（これに対する対応は→3）、政策の決定根拠となる資料として行政機関の説明責任を果たす重要な文書であることに違いない＊。さらに、議事録以外にも、政策決定の判断過程を知るうえで重要な統計・調査資料は作成・保存されてしかるべき文書ということができる。

⑵　作成義務の基準──作成指針等

　作成義務の対象となる文書については、行政文書ガイドラインが「別表第1に掲げられた業務については、当該業務の経緯に応じ、同表の行政文書の類型を参酌して、文書を作成するものとする」（第3-2⑴）と記している。また、別表第1（行政文書の保存期間基準）においては、そこで掲げる各事項に応じた業務の区分、行政文書の類型等が掲げられており、これらは作成指針を講ずる上で実務上の参考となる。

　他方、**自治体の場合、独自の作成指針等が策定されている場合もあるため、これに従うことが前提**となる。例えば、大阪市総務局「説明責任を果たすための公文書作成指針」（2006年1月制定、2015年4月最近改正）（以下、「大阪市指針」という）によれば、「意思形成過程文書を確実に作成すること」、「決裁や供覧の手続を経ていない組織共用文書も適正に管理すること」及び「意思決定と同時に公文書を作成することが困難な場合は事後に作成すること」とされている（1−⑵）。これらのうち大阪市指針では、決裁・供覧手続を経ていない組織共用文書が保存管理の対象として言及される点は、行政文書ガイドラインの記述と異なる指針分として注意を要する。

　なお、自治体独自に作成指針等を策定する場合、どのような事項が明記されるべきかが問題となる。例えば、大阪市指針によれば「公有財産の取得、管理、運用、処分に関する交渉記録」があり、「権利者との交渉日時、提示内容等モデル文書（別紙2）に示す共通必要項目が記載されたものを作成すること」とされる（2）。これは一例に過ぎないが、文書作成にあた

＊行政文書ガイドラインが審議会等について「開催日時、開催場所、出席者、議題、発言者及び発言内容を記載した議事の記録を作成するものとする」（第3《留意事項》⑺）とする以外にも、「歴史的緊急事態に対応する行政機関」に対し、記録の事前の策定体制を求めている（同⑻）。

り何が意思形成過程を明らかにする事項となるかを、明確に意識しておくことが求められよう。

(3)　情報公開制度との関係

　情報公開制度を用いて開示請求人から「自分が欲する文書は本来作成されてしかるべきなのに、それが作成されていないのが違法である」と主張される場合がある。請求対象となる文書は、確かに請求人個人にとっては説明責任を果たす文書といえるかもしれないが、上記のように、請求対象となる文書は、作成義務が政策決定という公益性の高い文書を念頭に置く場合とは異なることが考えられる。とはいえ、公文書管理制度との接点は、文書の作成が法的に義務化されていない根拠となる基準として、作成指針等の作成義務の基準に照らした判断が正当になされていたかが問題となることに、留意すべきである。

3　管理（整理）・保存

(1)　事務効率の向上 ── 整理の必要性

　文書の管理（整理）・保存は、作成義務と同様、行政機関の説明責任を果たすうえで、意義のある公文書管理制度の一つといえる。「整理」及び「保存」という文言は、公文書管理法5条及び同法6条においてもそれぞれ明記されるところである。

公文書管理法第5条第1項
行政機関の職員が行政文書を作成し、又は取得したときは、当該行政機関の長は、政令で定めるところにより、当該行政文書について分類し、名称を付するとともに、保存期間及び保存期間の満了する日を設定しなければならない。
同法第6条第1項
行政機関の長は、行政文書ファイル等について、当該行政文書ファイル等の保存期間の満了する日までの間、その内容、時の経過、利用の状況等に応じ、適切な保存及び利用を確保するために必要な場所において、適切な記録媒体により、識別を容易にするための措置を講じた上で保存しなければならない。

　ところで、行政文書ガイドラインによれば、「整理」の一環として、行政文書の適切な分類が「必要な文書を迅速に取り出し、事務効率を高めるために重要である」とし、「事務執行管理の中心に位置付けられるもの」（第

4《留意事項》①）といった表現で説明されることから、文書管理が行政事務の効率化（迅速な政策決定）に資するものと解されていることがわかる。

　また、行政文書ガイドラインでは、保存（第5）及び行政文書ファイル管理簿の調製・公表（第6）についても言及がある。これらの必要性について、ガイドラインは直接的な狙いを特段明記しないが、整理と一環して事務効率を高めることが目的ととらえられると同時に、情報公開制度に基づく開示請求を意識すること（ひいては、市民等への説明責任を的確かつ迅速に果たすべきこと）が求められるためといった点を、指摘できよう。

⑵　行政文書ガイドライン等の定め方

　管理（整理）・保存について、行政文書ガイドラインでは次のような内容が示されている。

---

① 　行政文書の分類、名称を付す、保存期間等の設定（第4）
② 　行政文書の保存要領の策定等（第5）
③ 　行政文書ファイル管理簿の調製・公表（第6）
④ 　保存期間の延長・移管・廃棄（第7）
⑤ 　点検・監査・管理状況の報告等（第8）

　これらの個別の態様と自治体の公文書管理制度に係る具体的な諸問題は、各章に委ねることとするが、このような国レベルでの現用文書の管理方法について、自治体自ら制度化を行うとともに、各担当課がこれらのルールに従って文書管理を行う必要がある。

　なお、行政文書ガイドラインでは、「行政文書ファイルの保存要領」に関する記述がみられるが、この要領はあくまで例示であり、自治体ごとに異なる運用がなされる場合も考えられる。例えば、電子文書の保存場所・方法が言及されているが（第5《留意事項》②）、電子メールの扱い＊などについては、どの範囲が管理（整理）・保存されるべき「公文書」となりうるかは議論の余地があるところだが、**事前に規則等により組織的にルール化することで、明示的な規律が求められる**ところと思われる。この点、例えば大阪府では、電子メールの管理の特例に関する規則（平成21年大阪府規則第56号）により判断基準が設けられている点は、注目されてよい（自治体における現用文書のデジタル化に関する具体的課題について 第7章 ）。

＊電子メールについて、行政文書ガイドラインは「意思決定過程や事務及び事業の実績の合理的な跡付けや検証に必要となる行政文書に該当する者については、原則として作成者又は第一取得者が速やかに共有フォルダ等に移し、保存するものとする。」とする。

> **大阪府電子メールの管理の特例に関する規則第2条**
> 行政文書である電子メールは、次に掲げる電子メールである。
> 一 二以上の職員が共用する電子メールアドレス（電子メールの利用者を識別するための文字、番号、記号その他の符号をいう。以下同じ。）を用いて送信し、又は受信した電子メール
> 二 知事又は職員（以下「職員等」という。）が自己の電子メールアドレスを用いて送信し、又は受信した電子メールであって、二以上の職員等に対し同時に送信されたもの
> 三 前2号に掲げる電子メール以外の電子メールのうち、職員等が自己の電子メールアドレスを用いて送信し、又は受信した電子メールであって、転送、用紙への印刷その他の方法により他の職員等と共有しているもの

4 評価・移管

(1) 現用・非現用の区別との関係

評価・移管は、文書の廃棄と移管の区別をつけ、永久保存に値する文書を公文書館等に移管することを指す。行政機関の説明責任という観点から、作成文書はすべて保存し常に市民の利用に供する状況に置かれるべきとの考え方も考えられないではないが、大量の文書を半永久的に管理（整理）・保存状態に置くことは、物理的な制約（例、限られた庁舎スペースに置く場所がない）、管理側の制約（例、管理に要する人的コストを割く余裕はない）等、効率的な行政活動に支障をきたすことにもなりかねない。このため、何が移管され永久保存の対象となる文書であるか（あるいは廃棄されるべきか）を適切に評価し、移管後は「時の経過」を踏まえ適切に評価しなおすことで、非現用文書としての利用価値を付与することが、公文書管理制度に求められる。

(2) 評価について──保存期間と廃棄の関係

評価とは、保存期間の経過後、当該文書について廃棄の適否を判断することを指す。通常、すでに定められた保存期間により機械的に廃棄の適否を判断できることが一般的である。

しかし、公文書管理法が行政機関の長に対し内閣総理大臣が「特に保存の必要があると認める場合」には廃棄の措置をとらないよう求める規定が置かれているが（8条4項）、このほかにも、行政文書ガイドラインでは保存期間満了後の文書が自動的に廃棄されない場合も想定されており、期間

満了と移管対象の不一致が考えられる。すなわち、行政文書ガイドライン別表第2「保存期間満了時の措置の設定基準」によれば、「業務単位での保存期間満了時の措置」に定められた廃棄とされる文書についても、「国家・社会として記録を共有すべき歴史的に重要な政策事項であって、社会的な影響が大きく政府全体として対応し、その教訓が将来に活かされるような以下の特に重要な政策事項等に関するもの」については、原則として移管するものとしている（(2) - ①）*。

＊具体的には、「災害及び事故事件への対処」、「我が国における行政等の新たな仕組みの構築」及び「国際的枠組みの創設」が挙げられている。

　このことからも、自治体の場合、保存期間の類型化は必要とされる一方、**その自治体にとって何が歴史的に重要な政策事項とされるか（市民にとって永久保存が求められる事項となるか）を意識した評価基準が必要である**ことに、注意を要する。なお、情報公開制度と保存期間満了後の廃棄の関係については別の考慮が必要となる（　第9章　）。

(3) 廃棄に係る責任主体の在り方

　移管する（＝廃棄されない）と判断する責任主体についても、事前に決すべき制度設計上の課題となる。公文書管理法は、行政機関の長が保存期間満了後の文書廃棄について「内閣総理大臣と協議し、その同意を得なければならない」と規定されるように（8条2項）、責任者の明示によって廃棄が実施されているといえる。

　自治体も実施機関が保存期間満了後の文書廃棄を判断する旨規定される一方で、その前に公文書管理委員会からの意見聴取手続が設けられることがある（山形県公文書管理条例8条2項）。

> **山形県公文書管理条例第8条第2項**
> 実施機関は、前項の規定により、保存期間が満了した公文書ファイル等を廃棄しようとするときは、第2条第5項の基準に適合するか否かについて山形県公文書等管理委員会（第30条に規定する山形県公文書等管理委員会をいう。第24条において同じ。）の意見を聴かなければならない。

　この点は、公文書管理法が内閣総理大臣に対し、個別の現用文書に係る具体的な廃棄手続について公文書管理委員会に諮問する手続は置いていない（29条各号）ことから、自治体独自の制度設計ということができよう（公文書管理委員会の役割として　第18章　）。

（友岡史仁）

第4章　作 成 実 務

公文書管理制度の要である文書作成義務について、その意義や必要性等について概説する。また、作成すべき文書が作成されていない場合どのように事後的に対応するかなど文書作成事務における課題や対応方法について、自治体の事例を紹介しながら解説する。

1　文書作成の必要性と意義とは？

⑴　行政事務になぜ文書が必要なのか？

　行政の事務の処理は、公文書管理法や自治体の公文書管理に関する条例の制定以前から、原則として文書によって行われてきた。その理由として主に次のことが挙げられる。

① 　行政の事務は、住民や関係者の権利・義務に影響を及ぼすものが多いことから、その処理を慎重に行い、誰にでも正しく、同じように理解される必要がある。そのためには、文書によって処理することが最も確実である。

② 　行政の事務処理は、組織によって行われており、各職員が割り当てられた事務を処理するに当たっては、関係者の同意や決裁権者の承認を得る必要がある。そのためには、文書によって処理することが最も正確である。

③ 　文書によらない意思の決定や事実の判断は、時間の経過とともに変化して、行政の一貫性を損なうおそれがある。このようなことは、行政の継続性と安定性を保つという観点から好ましくない。意思表示の内容が、変わることなく客観的に伝達されるためには、文書によって処理することが最も適当である。

⑵　行政における文書の意義

　⑴で述べたように、文書による事務処理は、行政の事務が確実かつ効率的に行われることを目的に、自治体の規則や任命権者の訓令といった内部規程で定められ行われてきた。従前の行政における文書の作成や保存は、行政自らのため、つまり、職員による将来の内部検証や同種の事務の参考

とするために行われてきたという側面が大きい。

　それが、国や自治体において情報公開制度が制定されるようになると、公文書は、行政自らのためだけのものではなく、「政府の有するその諸活動を国民に説明する責務が全うされるようにするとともに、国民の的確な理解と批判の下にある公正で民主的な行政の推進に資する」（行政機関情報公開法1条）＊ためのもの、つまり**住民のためのもの**という位置付けが加わり、行政機関情報公開法や自治体の情報公開条例に明確化されるようになった。

　このように、情報公開制度が制定され、定着することに伴い、**行政における文書の作成や保存の意義が変化した。**

＊自治体の
情報公開条
例にもほぼ
同種の目的
規定が規定
されている。

2　文書の作成義務とは？

(1)　作成義務の規定

　公文書管理法4条は、文書の作成に関する規定である。「行政機関の職員は、……**作成しなければならない**」という表現をとっているため「作成義務（規定）」といわれている。自治体の公文書管理に関する条例には、ほぼ、これに相当する規定がある。

　同条には、「法第1条の目的の達成に資するため」と規定されている。そして公文書管理法1条には、「**①行政が適正かつ効率的に運営されるようにするとともに、②国及び独立行政法人等の有するその諸活動を現在及び将来の国民に説明する責務が全うされるようにする**」と2つの目的が規定されている。つまり、これら2つの目的のいずれかに該当する文書について、作成義務が生じることとなる。

　次に、作成義務のある文書は具体的にどのように規定されているかを見てみる。行政事務の種類は多種多様であり、行政機関（任命権者）によって扱う文書の種類が大きく異なっている。また、新たな法律や条例の制定・改廃や、事業の新設・廃止などに伴い常に変動するため、公文書管理法や自治体の公文書管理に関する条例に全てを網羅的に規定することは現実的ではないし、その改正手続きにも国会や議会の議決が必要となり煩雑なものとなる。そのため、例えば公文書管理法では、法令の制定又は改廃及びその経緯（4条1号）から職員の人事に関する事項（同条5号）まで、各行政機関に共通する最も普遍的な5つの事項を例示し、その他の事項については、各行政機関の長が定める行政文書管理規則で定めることとしている

（公文書管理法10条）。

　そして、例えば、総務省行政文書管理規則（総務省訓令）では、13条において「別表第1に掲げる業務については、当該業務の経緯に応じ、同表の行政文書の類型を参酌して、文書を作成するものとする。」として、別表において詳細な文書の類型について規定している。

　山形県公文書管理条例においても、公文書管理法に準じて、作成義務のある文書の種類については、条例において各任命権者に共通する代表的なものを規定し、詳細は、任命権者がそれぞれ定める文書管理規程（訓令）で定めることとしている（任命権者への委任）。

⑵　作成義務の対象となる文書の定め方

　それでは、行政機関や任命権者が、どのようにして作成義務のある対象文書を定めているのかについて、山形県の場合を例に述べる。

　山形県では、公文書管理条例の策定の検討と並行して知事の事務部局における文書管理規程（訓令）の検討を行った。山形県は、条例の制定前から、作成された文書を管理・保存するための分類を定めた文書管理規程や文書分類表を任命権者がそれぞれ定めていた。作成義務の範囲は、この管理・保存の分類を基本として定めることとした。作成から保存へと繋がる文書のライフサイクルを考えれば作成義務の範囲は文書管理（保存）の分類と結果的に同じか近いものとなるためである。また、国の省庁の規則や他の自治体の条例、規程等も参考とした。

　なお、山形県の場合、文書管理規程を制定・改廃する場合は、第三者機関である山形県公文書等管理委員会に諮問することとしており、文書の作成義務の範囲の設定に関しても、法学者やアーキビストといった専門的な知見を持った委員の意見を反映できるようになっている＊。

3　文書作成の実際

⑴　文書作成の時期

　公文書管理法や自治体の公文書管理に関する条例では、文書の作成時期については触れられていない。公費の支出に必要な「伺い」や「支出票」などは財務規則等で様式の定めがあり、事前に作成することとなっているのが一般的である。また、出張の復命書・報告書、会議録などは、旅費や服務関係の規程等で事後に速やかに作成することが定められているのが一

＊公文書管理法では、行政機関の長が定める行政文書管理規則を、制定・改廃する場合、内閣総理大臣の同意及び公文書管理委員会への諮問が必要である。

般的であろう。このように作成の時期について疑義が生じないものもあるが、作成時期について明確でないものも多く、実際の運用としては、事務の性質による個別の判断や慣例によっていることが多い。

⑵　事前の作成

1で述べたように、行政の事務は、確実かつ効率的に行われるよう、従来から文書によって行われてきた。事務を行うに当たっては、担当者が作成した原案について、決裁権者からあらかじめ「起案」や「回覧」という方式で了承を得て、組織としての意志が決定されるのが一般的である（稟議制）。このように指揮命令系統の下部から上部へのボトムアップによる意思決定が行われる場合は、事前に起案書、稟議書などの文書が作成されるのが一般的である。

⑶　経過の記録

問題となるのが、稟議を経る過程で修正が生じ、差替えが行われたり、廃案となった場合の対応である。気が利く職員であれば、上司の指示がなくとも、将来のために経過を残すことが必要と判断し、修正前のものに修正の理由やなどを記載して稟議書と一体として編綴し保存するかもしれない。しかし、実際は、途中で差し替えられた旧案や廃案となったものは、ワープロで上書きされたり、廃棄されることが多い。仮に廃棄されず担当職員の個人ファイルに残されていたとしても、人事異動などに伴い最終的には廃棄処分されてしまっていることも少なくないのではないか。

公文書管理法や公文書管理条例の趣旨からすれば、結果（最終的に決裁を受けた成案の稟議書）だけを保存したのでは、意思形成の過程がわからなくなってしまう場合があるので不十分である。そのような場合は、何らかの形で経過を残しておくことが望ましい。意思形成過程の顚末を記載したものを事後に作成し、決裁を得て、最終の稟議書と一体として保存することができればなお望ましいが、職員の手間も増大するので、そこまでできないというのであれば、せめて手書きでもよいので、稟議書等の片隅にでも修正や廃案の理由をメモして残しておくことが望ましいと考える＊。

職員の中には、過去の事案を参考とするために探し出した過去の稟議書等に事案の経緯がわかるメモ書きを発見し、宝物を見つけたような気持になった経験をされた方も少なくないのではないか。

このメモ書きにも課題がないわけではない。メモの内容が必ずしも正確

＊山形県では、そこまで徹底した運用はなされておらず、個々の職員の資質によっているのが実際のところである。今後は、こういった運用をルール化したり、研修によって職員の意識改革をすることが求められる。

とは限らないし、メモをした担当者が勘違いしている場合もある。組織的に共有された内容かどうかも分からない場合もあるだろう。このような場合、開示請求された場合、メモ書きの部分はどうするのかといった問題もある。

⑷　事後の作成

公文書には、報告書や会議録のように性質上事後にしか作成できないものもあるが、このようなものを除けば、意志決定のプロセスが必要な事務は、事前に文書が作成され、稟議に付されることが一般的であることは先に述べたとおりである。役所の事務の多くは、このボトムアップ方式で行われるが一般的であるが、トップダウンで業務の方針が示されたり、作業が指示される場合もある。例えば、部長や課長が首長に呼び出され、その場で口頭で指示を受ける場合などである。このような場合は、起案や稟議が省略され、文書として残らない場合もある。指示のためにメモが作成されることもあるが、一過性のものとして保存されないものも多々あるのではないかと思われる。

また、急施を要し、稟議書を作成する暇がない場合や、緊急の打合せが行われ、その場で方向性が決定されるような場合にも、事前の文書が作成されない場合がある。

このような場合、事後に何らかの方策を取らなければ、意思形成の過程がわからなくなってしまう。そのようなことを解消するための方策として、大阪市の例が参考となる。

⑸　大阪市の公文書作成指針について

大阪市では、大阪市公文書管理条例（平成18年4月）の制定前から、意思形成過程の文書に係る対策について取り組んでいる。その背景として、情報公開請求時に文書不存在により非開示の決定がなされるケースが多くあることが問題とされたことが挙げられている。そこで、市政改革における積極的な情報公開の推進の取組みの1つとして、「説明責任を果たすための公文書作成指針」が策定された。

この指針は、2つの主眼に基づいて策定されており、1つは、意思形成過程の文書を確実に作成することであり、もう1つは決裁や供覧の手続を経ていない組織共用も適正に保存・管理することである。

> 「説明責任を果たすための公文書作成指針（大阪市）」からの抜粋
> (2)　作成、保存管理にあたり特に徹底すべき視点
> 　市民に対する説明責任を果たすためには、特に次のア～ウについて徹底しなければならない。
> 　ア　意思形成過程文書を確実に作成すること
> 　　決裁による意思決定を行うまでの過程においては、意思決定の方向性が決められるなど意思形成に大きく影響を与える会議、市長・副市長に対する重要な報告等が行われている場合がある。公文書管理条例においても意思決定の過程に関する事項に係る公文書の作成について規定されているところであり、これらの意思形成過程においても確実に文書を作成し、決裁手続を経て意思決定がされた文書（決裁文書）と同様に、公文書として適正に保存管理しなければならない。
> 　イ　決裁や供覧の手続を経ていない組織共用文書も適正に管理すること
> 　　市民に対する説明責任を果たすためには、例えば事務及び事業の実績に関する記録等、決裁や供覧の手続を経ていなくとも、事務執行上作成され、組織的に共用されているものがある。これらについても、決裁・供覧文書と同様、公文書として適正に保存管理しなければならない。
> 　ウ　意思決定と同時に公文書を作成することが困難な場合は事後に作成すること
> 　　意思決定と同時に公文書を作成することが困難である場合は、当該意思決定をした後速やかに公文書を作成しなければならない。
> 　　例えば、施策決定が当該決定権限を有する者のトップダウンによる方式で行われた場合においても、事務事業の実績を合理的に跡付け、検証をし、市民への説明責任を果たすために、決裁文書等の公文書の作成が必要なことは当然である

　この大阪市の指針は、公文書管理法や自治体の公文書管理に関する条例に規定される、**①行政の適正かつ効率的な運営、②行政の有するその諸活動を現在及び将来の住民等に説明する責務が全うされるようにすること**の2つの目的を実現するために有意義であり、他の自治体においても、大いに参考とすべきである。

4　作成すべき文書を作成しなかった場合の罰則は？

　最後に、文書の不作成に関する罰則について述べたい。文書作成が義務とはいえ、作成すべき文書が作成されてなかった場合の罰則については、公文書管理法には規定がない。また、自治体の公文書管理に関する条例に

おいても、都道府県レベルでは、不作成に関する罰則を規定しているものは見受けられない。いずれも**罰則なしの義務規定**となっている。

　人事院は、平成30年に、「懲戒処分の指針」を改正し、文書偽造、毀棄、決裁文書の改ざん、紛失、誤廃棄等公文書の不適正な取扱いの代表的な事例及びそれぞれにおける標準的な処分量定に係る規定を追加している。自治体においても、これに準じて懲戒処分の基準等を改正したところも少なくないと思われるが、**この指針では、「不作成」についての具体的な取扱いについては触れられていない。**

　しかしながら、作成すべき文書が作成されていないことにより、公務の運営に重大な支障を生じさせた場合は、職務上の義務違反（公務員法）となり、故意、過失の程度や対外的な影響の程度等に応じて、**懲戒処分や訓告、厳重注意、人事評価への反映などが行われる可能性がある。**

　罰則はないとはいえ法律上（条例上）の義務となれば、職員にとって少なからず心理的な効果があるのではないかと思う。

（築達秀尚）

第5章　管理（整理）・保存に関する
制度化実務（総則）

> 公文書管理制度の現状と課題について実務的観点から考察する。条例化されたことによる改善や詳細な公文書の管理（整理）・保存に関する具体的な諸規定（公文書管理規程）の作りこみ方の課題などにも触れる。

1　公文書の管理（整理）・保存のアウトライン

⑴　公文書の管理（整理）・保存に関する規定（職員の義務等）

　公文書管理法では、公文書の管理（整理）等に関して、「行政文書の整理等」として1節を設け、5条（整理）、6条（保存）、7条（行政文書ファイル管理簿）、8条（移管又は廃棄）、9条（管理状況等の報告等）、10条（行政文書管理規則）を規定している。いずれの規定も「……しなければならない」という義務規定の表現となっており、その多くが行政機関の長に対する義務規定である。職員に関する義務規定は、5条1項であり、①行政文書の分類、②名称の付与、③保存期間及び④保存期間の満了する日の設定となっている。文書作成と同様、罰則なしの義務規定である。

　この義務規定のほか、公文書の管理（整理）・保存に関して、職員が従うべき具体的な内容については、行政文書ガイドラインに基づき各行政機関の長が定める「行政文書管理規則」に規定されており、職員には、訓令という命令の形式で職務上の義務が生じることとなる。

⑵　行政文書管理規則（訓令）

　公文書管理法10条は、行政機関の長が、行政文書の管理に関する定め（行政文書管理規則）を設け、次に掲げる事項を記載しなければならないとしている。

① 作成に関する事項

② 整理に関する事項

③ 保存に関する事項

④ 行政文書ファイル管理簿に関する事項

⑤ 移管又は廃棄に関する事項

⑥　管理状況の報告に関する事項

⑦　その他政令で定める事項

　公文書管理に関する条例を制定している自治体においては、条例の委任により、規則や任命権者が定める公文書管理規程（訓令）や要綱等でこれらとほぼ同様の事項が規定されている。条例を制定していない自治体においても、**作成、整理、保存、廃棄等に関する基本的な事項については、訓令、要綱、手引きなどにおいて定めているのが一般的**である。

2　公文書の管理（整理）・保存の現状と課題

　自治体の公文書のライフサイクルは、条例の有無に関わらず、おおよそ①作成・取得、②整理、③保存、④行政ファイル管理簿等への記載、⑤移管・廃棄といった流れとなっているが、実際の実務となると、歴史公文書の概念の有無、レコードスケジュール（別章参照）の導入の有無、集中管理方式の保管書庫の有無、公文書館の有無、公文書館長の権限の付与の違い、ペーパーレスの進捗の違い、公文書管理システムの有無・機能の違いなどによって大きく異なる。ここでは、公文書の管理（整理）・保存の現状と課題について、山形県の例を中心に述べたい。

⑴　保存期間（永年保存）について

　公文書の保存期間は、その業務の区分や公文書の類型に応じて、「3 年」、「5 年」、「10 年」、「30 年」などと定めているのが一般的である。山形県では、条例制定前まで「永年」という保存期間の区分があった。永年保存文書は、有期限の現用文書と一緒に県庁地下書庫で管理していたが、地域史や歴史文書の研究家の方々からは、これらの永年保存文書や漫然と保存期間が延長されている公文書の存在について、「いつまで経っても現用文書扱いで歴史的に貴重な公文書が利用できない」と指摘を受けていた。

　条例により歴史公文書を制度化したことに伴い、「永年」区分を廃止した。以前であれば永年となっていたものについては、30 年保存とし、必要に応じて延長手続を行うか、適切に廃棄することとなった。

⑵　課室での長期保管

　職員は、日常的に過去の公文書ファイルを参照し、日々の事務に活用している。特に前年度や前々年度のものは、参照の頻度が高いと思われるが、職員の中には「いずれ参考にするかもしれない」という軽い気持ちで、不

必要に多くの過去の公文書ファイルを課室のキャビネットに温存している
ケースが多々あった。定期的に改正される条例や規則の過去の起案の公文
書ファイルなども見受けられたが、これらは、例規として重要な歴史公文
書となるものである。紛失や汚損、劣化を防ぐためにも、適切に文書保管
書庫に引き継ぎ、必要となった場合に閲覧手続きをするようにすべきであ
る。山形県では、条例事項ではないが、年に1回以上、文書管理者（課長等）
が所属の公文書の管理状況を点検することとし、このような状態は徐々に
解消されている。

(3) 歴史的価値のある公文書の選定

公文書管理法や自治体の公文書管理に関する条例の多くでは、保存期間
を満了した公文書ファイルが、歴史的価値のある公文書の選定基準によっ
て選別され、歴史公文書として移管・保存されるもの以外は廃棄されるし
くみとなっている。選定基準が定められていない自治体においては、個々
の職員や所属長等の判断で廃棄されることなるため、歴史的に貴重な公文
書が適切に選定されずに廃棄されるおそれがある。**条例の制定の有無に関
わらず、少なくとも、選定基準と管理方法を定め、職員に周知することが
望ましい。**

(4) 組織改編等による散逸

組織の改編、廃止などにより、公文書や公文書ファイルが散逸する場合
がある。特に、その業務自体がなくなったため引き継ぐ先が不存在となり、
行き場がなくなった公文書や公文書ファイルが廃棄等されてしまうためで
ある。このようなことを防止するためには、人事異動を目前に控える個々
の職員に期待することは難しいので、文書主管課が目配りをして、適切に
指示するなど組織的な対応が必要と考える。

組織の一部改編により、業務の一部が他の課に移管されることが考えら
れるが、保存書庫やキャビネットに保存されている過去の公文書ファイル
の管理替えや文書管理システムのメンテナンスも必要とされることになる。
このようなことは、役所の中では珍しくないが、**公文書ファイル等を引き
継ぐ際に、漏れによって知らないうちに廃棄されてしまうことがあっては
ならない。**そのためには、引継ぎを個々の職員任せにするのではなく、文
書ファイル等のチェックリストを作成するなど組織として対応することが
必要である。組織が廃止されたり、部局横断的なプロジェクトチームの解

散に伴って業務を引き継ぐ組織が存在しなくなる場合、また、庁舎の引っ
越しなどの場合は特に要注意である。

> **山形県公文書管理条例第 41 条**
> 実施機関は、当該実施機関について統合、廃止等の組織の見直しが行われる
> 場合には、その管理する公文書について、統合、廃止等の組織の見直しの後
> においてこの条例の規定に準じた適正な管理が行われることが確保されるよ
> う必要な措置を講じなければならない。

　なお、山形県公文書管理条例 41 条は、実施機関に対して、組織の見直
しに伴う公文書等の適正な管理のための措置を義務付けている。これは、
公文書管理法 33 条や行政文書ガイドライン第 5 保存〈引継手続〉に準じ
た取扱いである。

3　条例制定による改善事項とメリットについて

　以下、山形県の場合を例に、公文書の管理（整理）・保存の観点から、
条例制定のメリットについて述べる。

⑴　県の積極的姿勢を示す

　公文書管理法 34 条は、「地方公共団体は、この法律の趣旨にのっとり、
その保有する文書の適正な管理に関して必要な施策を策定し、及びこれを
実施するよう努めなければならない」とし、適切な公文書管理を地方公共
団体の努力義務とした。このため、**地方公共団体の立法形式である条例で
公文書管理に係る基本的なルールを定めることは、法の要請に応えるもの
であり、住民に対して自治体の積極的な姿勢を示すことができる。**

⑵　任命権者に共通したルール

　条例制定前は、各任命権者が公文書管理規程（訓令）等を定め、これによっ
てそれぞれ管理していたが、条例や条例施行規則が制定され、任命権者に
共通する基本的なルールを定めることにより、県職員全体の公文書管理に
係る意識の統一が図られた。

　なお、新たに公文書管理条例を制定しようとする場合、現用文書の管理
については、大きな違いはないと思われるが、歴史公文書の管理について
は、公文書館の有無や、知事等の集中管理とするか各任命権者が現用公文
書の延長線として保存していくかなどによって大きく異なってくる。

⑶　歴史公文書の根拠と知事の集中管理の明確化

　山形県では、歴史公文書については、条例制定前から要綱を定めて現用文書と一緒に地下書庫で保存してきた。要綱は、知事の事務部局を対象としたものであり、他の任命権者に対して効力のあるものではなかったため、任命権者によっては、職員の歴史公文書に対する認識に乏しく、廃棄されたり、長期保存には好ましくない課室内の環境下で長期保存されているものもあった。条例制定により、**歴史公文書の根拠と知事への引継ぎについてのルールが明確化され、しっかりと引継ぎが行われるようになった。**

⑷　公文書ファイル管理簿の統一と根拠の明確化

　毎年作成される公文書ファイルは膨大なものとなる。これらを保存する場合、将来の職員や県民の利用を前提とすれば、検索が容易にできなければならない。そのために活用されるのが行政文書ファイル管理簿（山形県では「公文書ファイル管理簿」）である。山形県では、条例制定前から、文書の検索に資するよう、公文書ファイルごとに目録を作成し、目録のデータベースを作成・整備してきたが、全ての任命権者に統一されたものではなく、また、必ずしも徹底されてはいなかった。条例制定に伴い、レコードスケジュールなど新たに設定する項目が増えたこともあり、公文書管理法に倣い、公文書ファイル管理簿を定めることとした。条例施行後の公文書が対象となるため、過去の公文書にかかる公文書ファイル管理簿の整備については、今後の課題であるが、条例施行後に作成される公文書については、確実にデータベースとして蓄積され、公表されることにより、検索が容易となり、県民の情報公開にも資することとなる。

⑸　第三者機関（公文書等管理委員会）の参画

　山形県公文書等管理条例では、実施機関が保存期間が満了した公文書ファイル等を廃棄しようとするときは、山形県公文書等管理委員会の意見を聴かなければならないこととしている＊。委員会は、行政法学者やアーキビスト、歴史公文書の実務者など専門的知見を有する委員で構成されるため、公文書の廃棄について専門的かつ公正中立的な立場で判断されることになる。歴史的に貴重な公文書の誤廃棄が避けられるとともに、恣意的な廃棄ができなくなることから、**県の公文書管理に対する県民からの信頼度が高まる**と考える。

＊公文書管理法では、「あらかじめ、内閣総理大臣に協議し、その同意を得なければならない。」とされている。

⑹　公文書管理の透明性の確保

　知事は、毎年度、実施機関から報告された公文書ファイル管理簿の記載状況その他の公文書の管理の状況の状況について取りまとめ、その概要を公表しており、**県の公文書管理に対する県民からの信頼度を高める効果がある**と考える。

⑺　その他のメリット

　その他のメリットとして、条例制定のプロセスを通じて、公文書に対する県民の関心や職員の意識の向上が期待できるということが言える。

　公文書管理に関する条例に限らず、新規に条例を制定する場合、その手続として、内部の検討組織による検討、外部有識者を加えた検討委員会による検討、有識者からの意見聴取、パブリックコメントなどが実施されるのが一般的である。特に公文書管理に関する条例の場合、公文書が国民や自治体住民の財産であり、情報公開や公文書館での利用に供されるため、住民のコンセンサスが必要となる。また、条例制定の背景に、不適切な文書管理が社会問題となったこともあるため、オープンな議論の場が望まれる。このため、行政法学者、アーキビスト、歴史公文書の実務者など専門家を加えた検討組織を立ち上げて検討する自治体が多い。

　山形県においても専門家をメンバーとした検討委員会を設置し、公開で議論を行っている。その結果、委員会での議論は、毎回のように報道機関に取り上げられた。特に「作成義務」、「メモの取扱い」、「歴史公文書」などが注目され、記事に取り上げられたことにより、県民の公文書に対する関心度と職員の公文書管理に対する意識が高まった。今後は、この**県民の関心と職員の意識をいかに継続していくかが重要**である。

4　条例制定によって新たに発生する事務

　自治体が条例を制定しようとする場合、自治体の職員にとっては、条例施行後、どのような新たな事務作業（手間）が発生し、これに伴い事務量がどのくらい増えるのかなど気になるところである。ほぼ全ての職員の日々の業務に直接関わる部分であるので心配するのも当然である。場合によっては、職員団体との意見交換なども必要になるかもしれない。

　実施機関や職員にとって新たに発生した主な事務を挙げると、次のとおりである。

(1)　**実施機関、所属、職員**

　①　公文書ファイル管理簿の作成、公表

　②　レコードスケジュールの設定

　③　公文書の管理状況の知事への報告

　④　歴史公文書の知事への移管

　⑤　文書廃棄時の公文書等管理委員会への意見の聴取

　⑥　公文書管理規程の改正時の公文書等管理委員会への諮問

　⑦　文書管理者（課長等）による管理状況等の定期点検＊の実施

(2)　**文書主幹課**

　①　公文書の管理状況の公表

　②　廃棄文書のチェック（公文書等管理委員会の意見聴取前）

　③　公文書等管理委員会に係る事務

　④　歴史公文書の利用決定と費用の徴収

　⑤　歴史公文書の利用請求に係る審査請求への対応

> ＊条例事項ではないが、条例制定に合わせて各実施機関の公文書管理規程に基づき実施することとした。

5　最後に

　自治体の職員は、社会課題やニーズが複雑化し、次々と新たな法律が制定されるなどして業務が増加してきている。その一方で、法律や制度が廃止されるなどして業務が減ることは少ない。また、行政改革による人員減などにより、職員の業務の厳しさが年々増しているというところもあるだろう。このような状況下、職員は、限られた時間の中、優先順位を付けて業務を行うことになるが、法定の事務や対住民の行政サービスといった期限や相手のある業務を優先せざるを得ないため、文書の整理や保存といった業務を丁寧に行うことは難しいというのが実情ではなかろうか。

　このような状況下であっても、職員は、意思形成過程がわかるよう文書を作成し、残すべきものはしっかり残さなければならない。そのためには「癖をつける」こと、そして継続していくことが必要である。言うまでもないが、条例を制定したからといって、公文書管理に対する職員の意識が劇的に変わるというものではない。研修の充実やセミナーへの参加等により、職員の意識改革を確実に進めていくことが大切である。

　　　　　　　　　　　　　　　　　　　　　　　　　　（築達秀尚）

第6章　管理（整理）・保存①──紙媒体

> 紙媒体の現用文書の管理（整理）・保存とそれに関する実務上の課題について、概観する。ここでは主に、山形県の事例を素材とする。

1　法令等における文書の管理（整理）・保存に関する規定

(1)　条例における規定

　公文書管理法では、文書の管理（整理）・保存について5条で整理、6条で保存について規定されているが、山形県公文書管理条例（以下、「条例」という）でも同様の規定となっている。

　条例5条（整理）では、次のとおり規定されている。

　①公文書の整理：公文書を作成し又は取得したときは、当該公文書について系統的に分類し、名称を付するとともに、保存期間及び保存期間の満了する日を設定しなければならない（1項）。

　②公文書ファイルの作成：能率的な事務又は事業の処理及び公文書の適切な保存に資するよう、単独で管理することが適当であると認める公文書を除き、適時に、相互に密接な関連を有する公文書を公文書ファイルにまとめなければならない（2項）。

　③公文書ファイルの整理：これらの公文書ファイルについても系統的に分類し、名称を付するとともに、保存期間及び保存期間の満了する日を設定しなければならない（3項）、保存期間及び保存期間の満了する日を延長することができる（4項）。

　④レコードスケジュールの設定：公文書ファイル等（公文書ファイル及び単独で管理している公文書）について、保存期間の満了前のできる限り早い時期に、保存期間が満了したときの措置として、歴史公文書に該当するものは知事へ**移管**、それ以外のものは**廃棄**の措置をとるべきことを定めなければならない*（5項）。

　条例6条（保存）では、公文書ファイル等の保存期間の満了する日までの間、その内容、時の経過、利用の状況等に応じ、**適切な保存及び利用を**

＊この仕組みはレコードスケジュールと呼ばれており、このような仕組みとすることにより、歴史的に重要な公文書が、文書の内容をよく知る作成者等の判断により、確実に移管され保存されることとなる。

確保するために必要な場所において、**適切な記録媒体**により、**識別を容易
にするための措置**を講じた上で保存しなければならないとし、当該公文書
ファイル等の**集中管理の推進**に努めなければならないと規定している。

公文書管理法6条における行政文書の管理に関する解釈

「**適切な保存及び利用を確保するために必要な場所**」：例えば、時の経過や利
用頻度に応じて、作成・取得してから一定期間が経過した公文書ファイル等
を事務室から書庫等に移すことや、機密性の高い内容が記載された公文書
ファイル等を施錠した部屋の施錠した書棚に保存したりすることなどが考え
られる。

「**適切な記録媒体**」：例えば、記録媒体の耐用年数等を踏まえて媒体変換を行
うことなどが考えられる。

「**識別を容易にするための措置**」：例えば、公文書ファイル等の検索性を高め
るため、分かりやすい背表紙とすることや、種別や年度別に書棚に並べるこ
となどが考えられる。

出典：内閣府ウェブサイト（https://www8.cao.go.jp/chosei/koubun/about/
shikumi/g_bun/g_bun.html）参照

⑵　**公文書管理規程**

　管理（整理）・保存の実際については、条例、規則を受け知事部局や教
育委員会など実施機関ごとに公文書管理規程で定めている。山形県知事部
局の公文書管理規程である山形県公文書管理規程では、41条で職員の整
理義務、42条で文書分類表の整備、43条で公文書の保存期間、44条から
48条で公文書ファイル等の保存について定めている。要点は概ね国の行
政文書管理規程と同様となっているが、文書索引の作成や簿冊作成などの
細部については独自のものとなっている。

2　公文書の管理（整理）・保存の実務

⑴　**公文書の整理**

　山形県公文書管理規程では、職員の公文書の整理義務として、以下のと
おり定めている。「文書分類表」は、国の「保存期間表」に相当するもの
である。

　①公文書の分類：「文書分類表」に基づき分類し、**分かりやすい名称**を
付するとともに、**保存期間及び保存期間の満了する日**を設定する。

　②公文書ファイルの作成：公文書ファイルの厚さは、原則として6セン

チメートル以内とし、表紙及び背表紙を付けることと定めている。

　③公文書ファイルの分類：「文書分類表」に基づき分類し、分かりやすい名称を付するとともに、保存期間及び保存期間の満了する日を設定する。

　④公文書索引の作成：**公文書ファイル**には、「**公文書索引**」を付け、所要の事項を記載する。（保存期間１年、１年未満、無期限の公文書ファイルは省略可）

　⑤公文書の管理（個人文書との区分）：公文書について、**個人が管理している文書と明確に区分して管理**しなければならない。

　(2)　文書分類表の整備

　各所属の文書管理の責任者である文書管理者（本庁及び総合支庁の課長並

公　文　書　索　引
主務課　　　

文書分類記　　号	公文書作成取得日の属する年度	公　文　書ファイル番　　号	公文書ファイル名	保存場所	保存期間	延長保存

番　　号	公　文　書　題　名	備　　考

びに独立庁舎の組織及び出先機関の長）が、公文書管理規程で定めている業務の区分及び公文書の類型の規定と文書分類記号に基づいて、公文書を**系統的に分類し**、**標準的な保存期間を設定するため**、「**文書分類表**」を作成する。作成したとき、変更したときは総括文書管理者に提出しなければならない。（総括文書管理者は、必要があると認めたときは、文書管理者に対し文書分類表の変更について指示し、又は当該文書分類表を自ら変更することができる。）

⑶　保　存　期　間

①保存期間の設定：保存期間の設定においては、文書分類表に従い、原則として、**30年、10年、5年、3年、1年、1年未満**のいずれかに設定する。（業務に常時利用するものは、**無期限**とすることができる。）**歴史公文書**、歴史公文書に該当しないものであっても県政が適正かつ効率的に運営され県民に説明する責務が全うされるよう**意思決定過程並びに事務及び事業の実績の合理的な跡付け又は検証に必要となる公文書は、1年以上の保存期間を**定めなければならない。

②保存期間の起算日：公文書の保存期間の起算日は、**公文書を作成し、又は取得した日の属する年度の翌年度の4月1日**。公文書ファイルの保存期間は、公文書ファイルにまとめられた公文書に設定した保存期間と同一の期間とし、保存期間の起算日は、**公文書を公文書ファイルにまとめた日のうち最も早い日の属する年度の翌年度の4月1日**。

文書分類表の例

第1分類	第2分類	第3分類	簿冊名	保存年限
キ社会教育	6青年の家等の活動	0総記	研修年間計画 青年の家運営一般	3　（年）
		1主催研修	研修参加申込書 研修生名簿 研修参加実績書 研修終了証台帳 主催研修一般	3 5 5 永 3
		2共催研修	共催研修一般	3
		3指導相談		
		9諸記	諸記一般	1

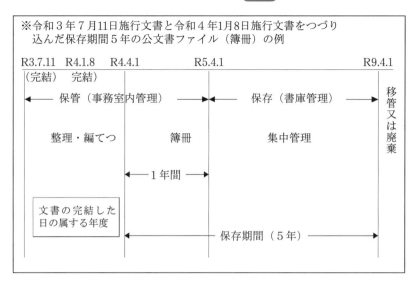

＊令和3年7月11日施行文書と令和4年1月8日施行文書をつづり
　込んだ保存期間5年の公文書ファイル（簿冊）の例

⑷　公文書ファイル等の保存

①公文書ファイル等の保存：**文書管理者**は、公文書ファイル等について、当該公文書ファイル等の**保存期間の満了する日までの間**、**適切に保存する**。

②公文書ファイル等の引継ぎ：**文書管理者**は、**保管をすべき期間を経過した公文書ファイル**等（常用文書を除き、保存期間が**1年**を超えるものに限る。）は、文書管理を所管する課（組織）である**文書主管課長**に原則として**引継がなければならない**。

③引継ぎを受けた公文書ファイル等の保存・集中管理：**文書主管課長**は、引継ぎを受けたときは、**保存期間その他必要な事項を調査、整理し、書庫に保存する**。**保存文書の閲覧や貸出し等の手続き等を定め、適切に保存するとともに、集中管理を行わなければならない**。

3　公文書の管理（整理）・保存にかかる課題

⑴　紙媒体の公文書ファイル等の管理（整理）の課題

　紙媒体の公文書は、分類表に従って分類し、保存期間の同じものを1つの公文書ファイルにしようとしたとき、**簿冊にまとめるほどの分量に至らない場合**がある。また、後の業務の参考とするために、**業務の流れがわかるよう時系列に整理したい場合**がある。電子文書の場合には、分量による影響はなく、文書の抜き出しや紐づけで解決できると思われるが、紙媒体

の場合、原本が１つしかなく綴ることのできる簿冊は１つのみであることから、保存期間が同じものに限り１つの公文書ファイルとすることが、難しい場合がある。文書の量は所属により異なり、簿冊数が多いと検索しにくくなるため、**その所属で検索しやすいように簿冊の作成が行われる**。同じ文書でも所属により違った簿冊に収められることになる。その場合、その時の担当者にとっては最も良い整理となるが、時と場所を隔てた後には、簡単に検索することができなくなってしまう。

(2)　文書分類表の課題

事務の合理的かつ能率的な執行のため、また、情報公開制度との関係においても、必要な文書が必要な時に直ちに取り出せるようにすることが、公文書の管理（整理）の意義である。そのためには、文書の整理、保管から保存を経て移管、廃棄に至るまでの一連のシステムが確立され実行されることが必要である。なかでも、文書分類表の整備が要となると考える。文書分類表の作成にあたっては、**業務の変化に適切に対応**していく必要がある。新しい業務は既存の分類表にはなく、分類表を新しくするかあるいは、どのように分類するか考えが分かれることもあると思われる。**分類基準を明確にし、分類区分はもれなくダブりのないよう、同一階層内ではレベル感を統一するように作成**する必要がある。時と場所が変わっても職員が必要な文書を容易に検索できるような整理が必要であり、それができていれば、情報公開請求にも歴史公文書の選別にも対応可能であると考えられる。

(3)　文書管理システムの活用

多忙な中でも職員が適切に文書の整理ができるようにしなければならない。山形県では、公文書管理システムを利用している。紙文書の管理を支援するシステムとして構築しており、起案用紙をシステムで作成、回覧文書や簡易決裁で処理した文書もシステムに登録することにより文書索引を作成することができ、紙文書の検索を支援できるようになっている。このようなシステムを活用できるようにすることも方策である。

(4)　書庫に引継ぎを受けた文書ファイル等の保存の課題

文書主管課で紙文書を適切に管理保存するためには、庁内又は至近の場所に引継ぎを受入れできる**十分な広さ**と**保存環境**を整えることのできる場所、**集中管理できる職員体制**の整備が必要である。

⑸　執務室で保存する文書ファイル等の保存の課題

　各所属の執務室は、執務を行う場所であり、紙文書を長期間保存するために整えられた環境ではない。例規文書など業務の参照のため保存期間が満了しても保存期間を延長し、長く執務室に保存されているものもあるが、その中には歴史公文書となる文書が多くあると考えられる。レコードスケジュールが移管となっている文書を執務室で保管・保存する場合には、エアコンの風の当たるところなど**結露しやすい場所に置かない**、窓際などの**気温変動の大きい場所には置かない**など保存環境に気をつけ、**セロテープやクリップ・ホチキスなどの金属を使わない**ようにする、**中性紙の保存袋や保存箱に入れて保護**したり、**簿冊がゆがまないように真っすぐに立てて保存する**など劣化を防ぐ必要がある。

（高梨美砂子）

第 7 章　管理（整理）・保存② ── デジタル媒体

> 電子公文書（電子的方式で作られた公文書）の管理（整理）・保存に関する
> 実務上の課題について概観する。また、紙媒体から電子媒体へ媒体変換した
> 際の原本性の確保や電子的管理について郡山市の事例を基に課題を整理する。

1　電子公文書の特徴

　電子公文書は文書の保存、検索、利用が電子的に容易に行えることから、
職員が適正に使用すれば文書管理の効率化が図られる。その反面、書換え
や削除が容易であるため、**公文書の適正管理のためには、更新履歴の保存
や編集の制限等により、改ざん防止対策を施した電子媒体で保存する必要
がある**。代表的な電子媒体が文書管理システムである。次からは電子公文
書を管理する上での課題について、本章執筆者が勤務する福島県郡山市を
例に整理する。

2　郡山市の事例

　郡山市は、福島県の中央に位置し、面積約 757 ㎢、人口約 32 万人を要
する中核市であり、職員数は約 2,050 人である。郡山市は、令和 6 年度に
博物館と公文書館の複合館となる（仮称）郡山市歴史情報・公文書館を開
館する予定であり、現在、公文書館への文書の移管を前提とする公文書の
ライフサイクル管理の実現に向けて、公文書管理法にのっとった公文書管
理の見直しに取り組んでいる最中である。

　国においては、平成 31 年 3 月「行政文書の電子的管理についての基本
的な方針」（以下、「方針」という）が策定され、デジタル時代の公文書管
理について議論が高まったところであるが、郡山市においても、平成 31
年度に市全体で利用可能な文書管理システムを導入し、**電子媒体で作成又
は収受した電子公文書については、「電子公文書を原本」**として扱う運用
を開始している。同時にペーパーレスを全庁的に推進しており、市長まで
電子決裁を行っている。

　また、テレワークを可能とする環境整備を進めてきたことから、いつで

もどこでも決裁が可能となり業務の迅速化が図られた。一見すると、従来の紙媒体中心の公文書管理と比較して電子的な公文書管理はメリットばかりのようであるが、適正な公文書管理には程遠く、公文書ライフサイクルの各段階において課題を抱えている。

3　電子公文書の作成

(1)　文書の作成

国は、文書作成時、「法令等の定めにより紙媒体での作成・保存が義務付けられている場合、電子的管理によってかえって業務が非効率となる場合等を除き、電子媒体により作成又は取得することを基本とする」としている*。

郡山市の場合も、国と同様に電子媒体により文書を作成又は取得することを原則とし、紙媒体で取得した文書については、電子媒体へ変換して文書管理システムに登録することとしている。登録する書類には容量の制限（1文書につき約10MB、紙媒体換算でA4モノクロ20枚又はA4カラー10枚程度）があるため、分量が多いもの、図面などの大判なものや冊子等の不定形で変換が困難な書類については**文書管理システム上に紙媒体の添付書類があることを記録し、電子媒体と紙媒体の併用文書であることがわかるように管理**している。

(2)　文書の修正

文書管理システムの導入前は、押印決裁であったため決裁過程において訂正や指示事項があれば、都度、修正後の文書への差し替えや、手書きで修正を行うことができたが、電子決裁の場合は、決裁終了後に文書の修正を行うことはできない。**市としての意思決定の経緯を電子的に記録することが電子決裁**であるため、当然の仕組みではあるが、導入から1年程度は、押印決裁のように修正が簡単に行えないことに対する問合せが多かった。また、**電子媒体で管理するという**意識が職員に根付いていなかったことから、修正経緯を紙媒体に記録し、決裁を受けた文書管理システム上の電子公文書については修正していない例も多数見られた。これらに対応するため、決裁文書を修正する場合は、決裁権者に決裁の取り消しを求め、修正してから再度決裁を受けるか、修正箇所が明らかになるように新たな決裁を受けるようにルール付けし、通知を行った。国では、方針により文書の

作成から保存、廃棄・移管までを一貫して電子的に管理することの有効性が示されたが、郡山市の場合は、文書管理システム導入の頃は、公文書管理法にのっとった公文書管理という視点が欠落していたため、電子的管理のメリットとして効率性のみが優先され、職員に適正管理のために必要であることが周知出来なかったことが原因であると考えている。

　なお、明らかな誤字や体裁の修正など、文書の内容や意思決定に関係ない部分の修正の場合については、国と同様＊に、郡山市も、修正の起案までは行わず、修正後の文書を発送文書として文書管理システムに登録し、経緯を残している。

⑶　電子媒体に変換した後の紙媒体の取扱い

　郡山市では、紙媒体で取得した公文書について、スキャナ等で読み取り電子媒体に変換した後の紙媒体については、廃棄せず、原本性を確保するため紙媒体を原本として保存する取扱いとしている。そのため、電子媒体への変換は、電子決裁の推進や文書検索の向上の面では効果を発揮しているが、ペーパーレスの推進にもかかわらず保存する紙媒体の公文書削減にはつながっていない。図面や申請書などの常用の紙媒体を多く扱っている所属では、執務室の面積の半分を文書保存キャビネットが占めているところもあり、利便性向上のため電子媒体への変換を進めても、廃棄できない状況が継続している。また、集中書庫においても、電子公文書を基本とすることとした平成31年度以前から令和3年度現在に至るまで、収容率が95％前後で推移しており、目に見えるほどの大きな減少には至っていない（紙媒体の保存について 第6章）。

　国は、スキャナ等を利用して紙媒体の行政文書を電子媒体に変換する場合の取り扱いについて、変換後の「電子媒体の文書を**正本**として管理することができる」としている。その上で、電子媒体に変換前の文書（紙媒体）について、「別途、正本が管理されている行政文書の写し」に該当するとして、1年未満の保存期間を設定できるとしている＊＊。

　国の取扱いを参考に、郡山市においても電子媒体に変換した後の紙媒体の取扱いについて検討を進めていくこととなるが、紙媒体のまま残すべきものの判断や変換後の電子媒体の文書管理についての留意点が示されていることから、まずは文書管理に関する職員の意識やスキルの向上を図り、その上で検討を開始する予定である。

＊個別の具体的運用に関する公文書管理課長通知（令和4年2月10日内閣府大臣官房公文書管理課長）3 - 1。

＊＊デジタル化への対応に関する公文書管理課長通知（令和4年2月10日内閣府大臣官房公文書管理課長）2 - 5。

4　文書の整理・保存

⑴　文書の整理

　郡山市には、これまでファイルの名称や分類などの文書の整理について、明確な運用ルールがなかった。また、文書管理システムの導入の際も、電子公文書の特性を理解しないまま、紙媒体の簿冊名をそのままファイル名にしている。そのため「○○関係書」、「各種○○綴」のような名称のファイルが多く１つのファイルに複数の業務の文書が含まれる状態となっている。文書管理システムでは、キーワード検索により目的の文書を探すことができるため、分類が不適当であっても実務上の支障はなかったが、公文書館への歴史公文書の移管を前提とする公文書ライフサイクル管理を進めるに当たり、分類の見直しが必要となり、大きな事務負担となっている。公文書館への移管は、ファイル単位で行うことになるが、**複数の業務の文書が一つのファイルに混在している状態では、歴史公文書等を適切に評価選別して移管することが難しい**（評価と移管について　第8章　歴史公文書等について　第10章）。郡山市の文書分類体系は内部規程により大分類─中分類─小分類の３階層までがワリツケ方式で規定され、小分類の次に、所属が実際に保管するファイルを作成している。分類の見直しについては、階層から見直す必要があるが、見直しには相当な作業量と文書管理システムの改修が伴うことから、ファイルの見直しのみ行うこととした。実際の作業は、所属ごとに作成している文書を洗い出し、誰もがわかりやすい分類に保存してファイルの名称を付けることとし、所属での見直しの終了後は、文書管理システムへのファイル登録を行った後、作成済の電子公文書を入れ替えすることになるため作業量は多い。文書管理システムの構築時に、公文書のライフサイクルと電子公文書の特性を理解していれば、事務負担は少なかったはずである。

⑵　業務システム

　各課の個別業務を処理するため、専用の情報システム（以下、「業務システム」という）が運用されている＊が、業務システム内で保存されているデータも公文書であり、整理、保存や廃棄等の公文書管理は適切に行う必要がある。国は、「作成・取得した行政文書については、（中略）行政ファイル管理簿に記載し、公表されることとしており、**業務システム内で作成・取**

＊例えば、庶務事務システム、財務会計システム、戸籍システム、税システム、福祉システム等が上げられる。

＊デジタル化への対応に関する公文書管理課長通知（令和4年2月10日内閣府大臣官房公文書管理課長）2-2。

得するデータについても同様の措置を講じる必要がある」としている＊。

　業務システムは、文書管理システムと異なり、公文書の作成から移管又は廃棄までを一貫して電子的管理ができる仕組みがない。そのため業務システム内で保存しているデータは公文書であるものの、業務システム内での使用・保存に留まるため、今後は、データの分類や移管又は廃棄までの仕組みづくりが必要になる。

5　ま と め

　社会全体のデジタル化が急速に進んでいる中、郡山市においても全庁的に業務のデジタル化を推進している。オンライン申請の件数は増加傾向にあり、契約業務においては、電子入札を平成27年度に導入して以来、対象業務を順次拡大しており、今後電子契約の導入についても検討している。

　デジタル化の推進と併せて、令和4年2月に示された国のデジタル化への対応に関する公文書管理の考え方を参考に、公文書管理のルールを職員に周知し、共有を図りながら市全体で、電子公文書の適正管理に取り組んでいくことが必要であると考えている。

（西間木勇吾）

第8章　評価と移管・廃棄

> 公文書の評価と移管及び廃棄に係る実務課題について、山形県における事例に照らし、その具体的方法及びその他の課題を概説する。

1　公文書の評価（評価選別）とは？

　公文書管理法が制定されたことにより、これまで廃棄することが一般的であった保存期間が満了した公文書を評価して永久的に保存していくようになった。これは公文書等が健全な民主主義の根幹を支える国民共有の知的資源であると認識され、将来の説明責任を全うできるよう公文書の作成、適正な管理、歴史資料として重要な文書の適切な保存及び利用が同法で定められたためである（公文書管理法第1条参照）。

> **公文書管理法第1条**
> この法律は、国及び独立行政法人等の諸活動や歴史的事実の記録である公文書等が、健全な民主主義の根幹を支える国民共有の知的資源として、主権者である国民が主体的に利用し得るものであることにかんがみ、国民主権の理念にのっとり、公文書等の管理に関する基本的事項を定めること等により、行政文書等の適正な管理、歴史公文書等の適切な保存及び利用等を図り、もって行政が適正かつ効率的に運営されるようにするとともに、国及び独立行政法人等の有するその諸活動を現在及び将来の国民に説明する責務が全うされるようにすることを目的とする。

　この法律が制定されたことにより、公文書を将来に残していくことが改めて示されたが、作成された公文書全てを保存することで文書を評価する必要はないことを意味するものではない。また、公文書をすべて保存することになれば、その場所が限られ、不要な公文書を廃棄しなければ書庫がすぐに逼迫してしまうといった現実的課題がある。このため、**歴史資料として重要な公文書を評価選別し、公文書館等で永久的に保管していく必要がある**。

　山形県では、「山形県歴史公文書の選定方針」（以下、「選定方針」という）及び同選定方針別表「歴史公文書の基準細目」（以下、「基準細目」という）

を定め、どのような公文書が「歴史資料」として重要な公文書に当たるのかを定めることで、「歴史公文書」の該当性を具体的に判断している。

2　評価選別を行うことにあたって求められる実務とは？

まずは、円滑な評価選別をすすめるためどのような公文書が「歴史資料」として重要な公文書かを定めることが必要である。そのために保存されている公文書を把握・分析し、その公文書の特徴をとらえ、評価基準を策定する。また、評価する側は自治体の歴史を把握することもポイントである。「歴史資料」として重要な公文書であるか否かを判断することに迷った場合には、その内容が過去において自治体独自の歴史等に係る内容であるか否かを確認した上で、将来的に残すべきものは何か判断していく必要がある。

3　公文書の移管及び廃棄とは？

公文書を評価選別し、「歴史資料」として重要な公文書は、公文書館に移管することとなり、永久的に保存されることとなる。逆に評価選別し、「歴史資料」として重要でないものと判断された公文書については、廃棄の対象となる。

山形県の評価選別の手順について取り上げる。まず文書を作成した課（以下、「主務課」という）が保存期間満了となる公文書について廃棄するのか、歴史公文書にするのか、保管継続にするかを判断する。次に、文書主管課である学事文書課（公文書センター含む）が、選定方針に則して、提出のあっ

表１　廃棄予定公文書ファイルリスト

No	公文書ファイル番号	主務課	作成取得日の主務課	保存場所	文書分類記号	公文書ファイル名	公文書ファイル（箱）番号	作成取得年度	保存期間	延長保存	保存期間満了予定年度	状況	媒体の種別
例	Bxxx xyyy yzzzz	学事文書課	学事文書課	執務室	A00	○○○		令和3年度	30年	00	令和33年度	廃棄	紙

出典：黒田広之「山形県における評価選別に関する一考察」（令和３年度　アーカイブズ研修Ⅲ修了論文）

た廃棄予定公文書ファイルリスト（以下、「リスト」という）に基づき評価
選別を行っている。リストは、**表1**のとおりである。

　評価選別に係る人員は、学事文書課の職員3名、公文書センターの職員
3名である。原則、リストに記載された公文書ファイル名により評価選別
を行っているが、公文書ファイル名だけで判断できない公文書については、
主務課への確認のほか現物の調査を行っている。令和2年度における移管
公文書ファイル数は167冊、廃棄公文書ファイル数は44,075冊であった＊。

4　評価選別と移管・廃棄に係る課題

　どの自治体でも、保管している公文書数は膨大である。その膨大な公文
書を限られた人数で評価選別をする必要があり、効率的に行っていくこと
が求められる。しかし、評価選別を保存期間満了時に行う場合、体系的な
判断ができなくなるという課題がある。

　山形県の例であげると、公文書管理規程に基づき公文書の保存期間は、
30年、10年、5年、3年、1年、1年未満とさまざまである。特に重要な
文書ほど保存期間が長い。保存期間満了時に評価選別を行う場合、同じ事
業でも公文書ごとに保存期間が異なるため、評価選別時期が変わってしま
い、事業ごとの体系的な判断が難しくなる。また、30年保存の公文書の
場合は作成から30年経過し、その事業の詳細な内容について主務課も把
握していない状況となる。時が経つほど、その公文書の内容の判断がより
難しくなっていく。

　また、山形県の基準細目には、「重要な」といった記載が多くあるが、
その重要なものを捉える基準があいまいである（具体例として下記参照）。
重要であるか否かの判断は、その時の担当者の判断や状況により差が生じ
てしまう可能性があり、選定する公文書にブレが生じてしまうおそれがあ
る。

> 基準細目(例)
> 例規等に関する公文書のうち「県の通知等で重要なもの」

5　レコードスケジュールを考える

　レコードスケジュールとは、保存期間満了前に、保存期間が満了したと

＊令和3年度第1回山形県公文書等管理委員会（https://www.pref.yamagata.jp/020023/kobunsyo/koubunshokanri.html,（2022年12月1日閲覧））。

きの措置（廃棄・移管を設定する）を定めることである。このようなレコードスケジュールを策定する理由は、体系的に判断する有効的な方法であるからである。これを公文書ファイル作成後の早い時期に策定することで、事業に詳しい現担当が判断することになることから、将来的に保存期間が満了した場合でも適切に対応できることとなる。

　また、適切な対応のためには、継続的に公文書管理研修を開催し、担当者に歴史公文書とは何か周知していく必要がある。さらに、文書主管課で積極的にレコードスケジュールを確認し、指導を行っていくことで事業ごとの体系的な判断が行われ適切な評価選別につながっていく。

　そこで、レコードスケジュールの確認に関する実務について一例を述べる。選定方針に基づき原則、公文書ファイル管理簿に記載の同じ年度に作成された公文書ファイルすべてのレコードスケジュールを確認する。指導にあたっては公文書ファイル管理簿の様式を活用することとし、「文書主管課の指導・助言」、「主務課の回答」、「検討の結果」の欄を設けた**表2**を使用することとする。この様式には、主務課のレコードスケジュールの設定に疑義が生じた場合、公文書ファイルをまとめた上で文書主管課の指導・助言を記載し、主務課と共有することとする。

　このような実務を毎年度継続していくことで、**主務課において歴史公文書に関する認識が醸成され、適切なレコードスケジュールの運用が実現できるもの**と考えられる。

表2　レコードスケジュールの設定について

No	公文書ファイル番号	主務課	公文書ファイル名	作成年度	保存期間	保存期間満了時の措置	学事文書課（指導・助言）	主務課の回答	検討の結果
例	Bxxxxyyyyzzzz	学事文書課	○○○	令和3年度	30年	廃棄	歴史公文書の基準細目1に該当しないか。県として○○を実施しており、関係する重要な公文書ではないか。		

出典：黒田広之「山形県における評価選別に関する一考察」（令和3年度　アーカイブズ研修III修了論文）

6　公文書の適正な管理について

　適切なレコードスケジュールの運用上、主務課が保有する公文書ファイ

ルについて、何年保存するのか、保存期間が満了したときどうするのかを
定めた文書分類表を整備することが重要となる。

　山形県の文書分類表を例にとれば、保存期間の適正管理及び検索を目的
として定められたものであり、各所属の所管課における業務の分類により
作成されている。その具体的項目として、業務が内容に応じて第一分類と
して17種類の分類から構成され、さらに文書の内容によって第二分類・
第三分類に分かれている。文書分類表は職能分類に基づき作成されている
ため、同一目的の業務や同一機能の業務の文書であればいずれの課や係、
公所において同一の分類を取り扱うことができる。現在の文書分類表（一
部）は**表3**のとおりである。

　このように、文書分類表を整備すれば、**公文書を適切に管理し、適切な
評価選別を行っていくことができる。**

表3　文書分類表

第一分類	第二分類	第三分類	公文書ファイルの名称	保存期間	保存期間が満了したときの措置
A	0	0	皇室関係	30年	移管
A	4	0	給油伝票	5年	廃棄
D	1	0	調定収入票	5年	廃棄

　出典：黒田広之「山形県における評価選別に関する一考察」（令和3年度　アーカイ
　　　　ブズ研修III修了論文）

7　歴史公文書の判断事例

　毎年膨大な数の廃棄公文書ファイルの評価選別が行われるのが通例であ
る。山形県の例では、主務課が廃棄と判断したものの学事文書課で歴史公
文書に該当すると判断したものについて、**表4**でその内容を示す。

　この**表4**では、昭和56年度に作成された「配給関係通達綴」という公
文書ファイルが例示されている。国からの通知等を綴ったものであり、基
準細目の「2 例規等に関する公文書」の「(6)国の行政機関からの通知等で
例規となる特に重要なもの」となる可能性がある。しかし、基準細目の「説
明」の欄及び「対象となる公文書例」欄には記載がないため特に重要なも
のとしてどのようなものを歴史公文書に選定するのか不明確であることか
ら当該公文書ファイルの内容から判断していく必要があった。当該公文書
ファイルは、自主流通制度への転換時期の状況が把握できるものであり、

表 4　廃棄予定公文書ファイルリスト

No	公文書ファイル番号	主務課	作成取得日の主務課	保存場所	文書分類記号	公文書ファイル名	公文書ファイル(箱)番号	作成取得年度	保存期間	延長保存	保存期間満了予定年度	状況	媒体の種別
－	－	県産米ブランド推進課	農政課	県庁書庫G14	キ26	配給関係通達綴		昭和56年度	30年	01	令和3年度	廃棄	紙

出典：黒田広之「山形県における評価選別に関する一考察」（令和 3 年度　アーカイブズ研修Ⅲ修了論文）

当時の日本では戦前から主食である米や麦などの食糧の価格や供給等を日本国政府において管理する食糧管理制度が実施されていたこと、昭和 57 年代に食糧管理法が改正されたことで通常時の厳格な配給制度が廃止され自主流通制度の法定化が行われたことなど、当該ファイルはそのような当時の社会的な背景、県の状況を把握できる重要な公文書ファイルであると考えられたため、「歴史公文書」に該当すると判断された。

8　歴史公文書を判断する際の視点について

4 において言及したように、山形県の基準細目は「重要なもの」という文言が多数みられ、その都度なにが「重要なもの」であるか否かを判断する必要があるため、判断する尺度等が求められる。このため、当時の社会的な背景や山形県の状況を踏まえて以下の「基本的な視点」のように、何らかの視点を導入することが必要と考える。このことにより、何がその当時に存在したのかを探ることで、異なる角度からアプローチすることができ、「重要なもの」か否かを判断することが可能となる。

【基本的な視点】（私案）

　　1　社会的背景の状況

　　　・当時日本はどのような状況か。

　　　・社会的に話題になったことは何か。

　　2　山形県の状況

　　　・山形県内はどのような状況か。

　　　・先進性、独自性があるものか。

　　　・県の特色が顕著に現れているものか。

・住民の関心が高いものか。

・緊急的、突発的なものか。

・マスコミの報道があったものか。

・県民生活への影響はどうか。

3　意思決定のレベル

・決裁の最終決定はどのレベルか。

・意思決定の形成過程はどのような手順か。

　また、**その基本的な視点を活用し歴史公文書に該当するかどうか判断の参考とするためにチェックシートを導入する。**「基本的な視点」に該当することについて具体的な内容を記載することで情報、記録を可視化することができ歴史公文書の判断に活用することができる。

9　選別の記録について

　歴史公文書の選定に関する判断事例が少ない場合は、選別の記録を残していくことが非常に重要である。記録を残すことで今後の担当者間のブレが少なくなり、過去にどんな判断結果があったか確認することが容易となることで、今後歴史公文書を判断する上で活用できる。

　山形県では、判断結果等の記録は以下のような**表 5** を活用する。

表 5　選別記録

確認年度	公文書ファイル番号	主務課	作成取得日の主務課	保存場所	文書分類記号	公文書ファイル名	作成取得年度	保存期間	媒体の種別	公文書ファイルの内容	確認結果
令和3年	Bxxx xyyy yzzzz	県産米ブランド推進課	農政課	県庁書庫 G14	キ26	配給関係通達綴	昭和56年度	30年	紙	−	−

出典：黒田広之「山形県における評価選別に関する一考察」（令和 3 年度　アーカイブズ研修Ⅲ修了論文）

（黒田広之）

第9章　開示等請求と公文書管理の関係

現用文書の開示等請求と公文書管理との関係について、情報公開・個人情報保護制度など他の制度に照らしながら、概説する。その際、文書管理に関する組織共用文書の意味を含む、実務上の課題などを総括的に取り上げる。

1　開示等請求の仕組みと公文書管理制度

(1)　開示等請求とは？

　現用文書は、情報公開・個人情報保護制度に基づく開示等請求の対象となる。具体的には、情報公開制度は行政機関による説明責任や国民・市民の「知る権利」の保障という観点から第三者による開示請求が、個人情報保護制度は当該情報に係る本人のプライバシー保護の観点から、開示請求のほか、個人情報保護制度だと開示、訂正・利用停止の各請求が、それぞれ現用文書について認められる。これに対し、公文書管理制度は、非現用文書（歴史公文書）に関する第三者・本人を問わない利用請求制度を設けており、現用文書の開示請求制度と類似する。このような制度の構造は、国・自治体も同様である。

(2)　なぜ公文書管理制度が関係するのか？

　現用文書の開示等請求がある場合、請求人の求める文書が不存在であったり（詳細は→2）、非現用文書であるにもかかわらず請求人が制度を知らずに（又は説明しても理解せずに）現用文書として開示請求することもあり得るが、これらはすべて公文書管理制度上の問題でもある。すなわち、請求人が求める文書が行政機関として本来作成されてしかるべき文書である場合は文書作成義務、行政事務の効率化を担保するために文書保存・管理といったように（詳細は 第3章 ）、情報公開制度を中心に、公文書管理制度が対象とする事柄に密接にかかわることが想定される。

　そこで本章では、このような開示請求人が求める文書の在り方に照らして、公文書管理制度との実務上の課題を取り上げる。

2　非開示決定（文書不存在）について

情報公開制度を前提とすると、開示請求に対し文書不存在と判断される場合、行政機関は一般的に「非開示決定」（行政機関情報公開法では「不開示決定」）として処理する。ただし、これには大きく分けて、**法的不存在と物理的不存在の2種類に分かれる**。

⑴　法的不存在

現用文書は組織共用性があるか否かが重要となる。これは開示請求の対象文書には組織共用性が一般的に求められ、メモ書き等、組織的に共用されていないと解される実態があれば、現用文書としては認められないという理解が一般的となるからである（電子メールについては 第3章 参照）。したがって、請求対象となる文書がどのような状態にあるかによって判断が分かれるため、一義的には決まらない。

⑵　物理的不存在

これに対し、公文書管理制度と密接に結びつくのが、物理的不存在である。これには、文書そのものがない状態を指すことから、行政機関としてはこのような回答以外に考えられない場合であって、法的不存在に比べて一義的に決まり得る。しかし、**文書が保存・管理（整理）されていない、又は廃棄された状態が法的に見て正しいか否かを、請求された側である実施機関側が丁寧に請求人に説明することが求められよう**。そのことが、紛争の未然防止にもつながることはもちろん、適切な公文書管理を実施したかを検証するうえで重要だからである。

⑶　実務上の留意点

したがって、非開示決定（文書不存在）であることを証するために何が行政機関として求められるかが、ここでの重要な実務上の課題になる（詳細は→3）。なお、このような非開示決定（文書不存在）を判断する際、実施機関は処分理由書にできるだけ根拠をもって記述をする必要がある。そうすることが請求人から当該決定に不服で審査請求がなされた場合に審査会審理に備えて必要な思考であることに注意を要する。

3　開示等請求から見た実務上の課題

⑴　作 成 義 務

現用文書として存在するためには、作成の義務が適切に履行されていることが期待される（意義については 第3章 ）。義務が一義的に決まり得る規定になっていれば格別、必ずしもそうではない幅を持たせていれば、行政組織内では作成しない行為が適切と思われても、対組織外として作成義務が果たされたとはいいがたい面もあり得る。例えば、作成されていない文書の開示請求があった場合、文書不存在を主張するのは処分を行った実施機関（行政機関）側であることから、作成義務がなかった旨、法令、指針等一定のルールを根拠に処分理由を説明する必要がある。しかし、自治体によっては、これらが事前に策定されていない場合があり、開示請求があった際には経緯を丁寧に追う必要があるが、仮に慣習的に作成が行われないという理由を付す場合、それは単に組織的な都合に過ぎないとも言え、公文書管理制度の趣旨に悖（もと）る運用として、説得的でない。

⑵　管理（整理）・保存

現用文書として適切に管理（整理）・保存（意義については 第3章 ）されていれば、開示請求人に対し文書不存在という処分は行えないが、実際にはそうとはいかない。例えば、開示請求人が請求した時点では対象文書が不存在と判断されたとして、実施機関側で再度庁舎内等を探索すると当該文書が出てくることもありうる。このことからも、**物理的不存在という判断は原則認められない程度の意識をもって、現用文書の保存・管理を徹底することが日常的に期待される。**

⑶　評価・移管──廃棄を中心に

評価・移管は、文書の廃棄と移管の区別をつけ、永久保存に値する文書を公文書館等に移管することを指すが（意義については 第3章 ）、基準通りに廃棄されている場合は、開示請求対象文書が不存在であったとしても、そのことは容認されるのが一般的である。

しかし、情報公開制度に基づき開示請求された文書が請求時点において存在していたものの、請求された事実を認識しつつも基準を厳格に適用し、当該文書の原本を廃棄する運用が考えられる。この場合、廃棄した者はあくまで保存期間を遵守したに過ぎず意図的でなかったとしても、開示請求

時点と重なった場合に、開示を避けるため意図的な文書廃棄を試みたと解されなくはない。この点、開示請求に対し物理的不存在である以上、非開示決定がなされることは適当と言わざるをえないが、廃棄に係る法的責任が国家賠償法に基づく損害賠償請求といったように、別の形で追及される可能性は否定できない。

東京地判平成 6・8・10 判例地方自治 133 号 25 頁

　世田谷区では会計事務規則が定められ、具体的な事務処理方法は昭和 56 年に財務事務の手引が作成されていたところ、交際費については、添付を省略した証拠書類は支払月日順に編集し 5 年間保存しておくことなどとされていた。しかし区では市長交際費の領収書破棄が行われていたことで、区住民が精神的苦痛を負ったとし損害賠償請求を提起した。

　裁判所は、本件領収書の廃棄が手引きの規定に反する取扱いであるとは認めつつも、「財務事務の手引、文書管理規程等は、当該自治体における職員による財務事務処理の適正な執行を確保するため、その事務処理の要領等を内部的に定めたいわゆる訓令であると解され、これにより直接私人の権利利益の保護を図る趣旨のものではないというべき」とし、直ちに国家賠償法上の違法な行為があったといえないとした。

　この点、区民からの区長交際費の 5 年以内の領収書破棄の違法性が争点となった裁判例（東京地判平成 6・8・10 判白 133 号 25 頁）では原告の請求が棄却され、行政組織の中で法的拘束力ある形で廃棄を認めないとされていなければ違法とはならないとされる一方、「文書等の管理者が、将来における情報公開請求の可能性を考慮し、専らその公開を回避する目的で文書等の破棄を行ったような特別の事情がある場合」には国家賠償法上の違法行為となり得る可能性があるとした点は、注意すべきであろう。

　以上のことから、実際には、開示請求人がそのような意図があったことを立証する必要性はあるものの、**紛争予防の観点からこのような事態は認めないことを日常業務の中で意識することが求められる**。公文書管理法施行令では、開示請求があった行政文書について保存期間を延長する場合に関する定めがあるが（9 条 1 項 4 号）、開示請求が期間延長を自動的に義務付ける規定といえるかは議論の余地があろう。とりわけ自治体の場合、このような実務に対処するために、開示請求があった時点で当該文書の廃棄を留保するなど、意図的な廃棄と解する余地を排除するための対応を担当職員間で基準として明示しておくことが望ましい。

4　非現用文書（歴史公文書等）との関係について

　　非現用文書は、公文書管理制度上の利用請求の対象文書として認識される必要があるが、そもそも何人も請求人になれるのが原則である以上、現用・非現用の違いを十分に理解することなく、当然に情報公開制度等に基づき開示請求することは十分あり得る。

　　例えば、公民館等に係る過去の公の施設に係る不動産取得の経緯等を知りたいとし、それに関連する文書を求めるケースが考えられる。この場合、不動産取得に係る当該文書を保存・管理している担当課があれば、そこで対応することが考えられる。しかし、古い資料であれば、法務局が保存・管理する土地台帳等の閲覧を促すなど、請求人の欲する文書次第では、窓口等でより特定することで、必要において非現用文書（歴史公文書等）として公文書管理制度上の利用請求の活用を促すことが、十分に考えられよう*。

　　利用請求制度では、現用文書の開示請求とは異なり、「時の経過」に照らしてその利用範囲の決定が求められることがある。通常、作成・取得から 30 年を原則とするが、内容に応じて伸縮があり得る（ 第 14 章 、個人情報については 第 15 章 ）。

（友岡史仁）

＊この点は、友岡史仁編著『情報公開・個人情報保護─自治体審査実務編』（信山社、2022年）121頁 以 下（友岡）参照。

第3部　歴史公文書等（非現用文書）の保存・管理（整理）・利用

第10章　（特定）歴史公文書等の概念

> 非現用文書である特定歴史公文書等が、なぜ保存・管理（整理）・利用の対象となるのかといった理論的見地から、概念を説明する。あわせて、特に自治体における歴史公文書の種類、その他、保存の実態などに照らした制度的課題について論ずる。

1　はじめに

⑴　歴史公文書等、特定歴史公文書等を対象とする意義

　公文書管理法1条においては、現在のみならず将来の国民に対する説明責任も念頭に置かれていることが特筆されるところ、現在の意思決定等に係る公文書が年月の経過により廃棄されてしまったのでは、将来において、その意思決定等の過程を知ることができなくなってしまう。そこで、同条は、主権者である国民が主体的に利用し得る知的資源として、現在の諸活動の記録たる公文書に加えて、歴史的事実の記録たる歴史公文書等をも対象とし、その適切な保存及び利用等を図ることも明記している。すなわち、「国立公文書館等に移管が行われた非現用の特定歴史公文書等について」も、「本法で説明責任を全うすることになった」*のである。

　本法により、公文書の管理が「作成＝保存＝移管＝利用」の全段階を通じて一元的に行うことが重視されていることを踏まえ、後世に残すべき対象となる歴史資料として重要な公文書その他の文書を、包括的に「歴史公文書等」と定義し**、それが、国立公文書館等***に移管され、特定歴史公文書等として管理等がなされることになる。

　34条は、自治体については、「この法律の趣旨にのっとり、その保有する文書の適正な管理に関して必要な施策を策定し、及びこれを実施するよ

*宇賀・逐条公文書管理36頁。

**公文書管理法研究会編『実務担当者のための逐条解説　公文書管理法・施行令　新版』（ぎょうせい、2019年）29頁。

***「国立公文書館等」の定義については、公文書管理法2条3項に規定がある。

77

う努めなければならない。」と規定していることから、将来の住民に対する説明責任をも全うするためには、少なくとも、特定歴史公文書等について適切な保存及び利用等を図ることが求められており、そうであれば、その前提として、歴史公文書等の適切な移管についてのルールを定め、遵守することも求められているものと解するべきである。

⑵　概念の整理

まず、「歴史公文書等」について、2条6項は、「歴史資料として重要な公文書その他の文書をいう。」としている。「歴史資料として重要な」が意味するところについて、具体的な基準としては、移管の基準を示した行政文書ガイドライン別表第2を踏まえ、各々の実施機関の規則等において定めることとなる。何を以て「歴史資料として重要な」とするかについて、各々の実施機関、自治体において差異があろうと思われ、このことはひとつの論点たりうる（→2⑴）。

次に、「公文書その他の文書」の意義の問題であるが、「特定歴史公文書等」について、同条7項は、「歴史公文書等のうち、次に掲げるものをいう。」としており、これを受けて、同項1～3号は、行政機関の長（8条）、独立行政法人等（11条4項）あるいは行政機関以外の国の機関（14条。この場合は、事前の内閣総理大臣との協議と合意が必要である）から各々括弧書きで示した条項の規定により「国立公文書館等に移管されたもの」と、4号は、国及び独立行政法人等を除く法人等（以下、「法人等」という）又は個人から「国立公文書館等に寄贈され、又は寄託されたもの」とそれぞれ規定している。移管とは、上掲行政機関の長等が、保存期間が満了したそれぞれの現用文書について、国立公文書館等に管理を移すことをいう。すなわち、公文書管理法は、特定歴史公文書等とは、行政文書、法人文書等*については、実施機関の管理を離れて国立公文書館等に移管されたものを指し、このことは、同時に、現用文書から非現用文書になったことをも意味する。また、これら移管による以外にも、法人等や個人から国立公文書館等に寄贈され、又は寄託された歴史公文書等も含まれる。

以上によれば、同法の趣旨によれば、「歴史公文書等」の段階では、現用・非現用の別を問わないし、所有者が誰であるかについても問わない。それらが、国立公文書館等に移管され、非現用文書として管理等をなされることを以て、特定歴史公文書等となる。

*14条の協議により移管することについて同意があった立法文書、司法文書も含む。

　そうすると、自治体においては、「歴史公文書等」を移管し「特定歴史公文書等」として保存・管理する機関を設置するかしないか、設置するとして、国立公文書館に相当する施設を設けるかどうかについて、すなわち、移管先の問題が論点の１つとなりうる（→2(2)）。

　また、移管元の問題として、2条7項3号は行政機関以外の国の機関（国会、裁判所）を、同4号は法人等あるいは個人を対象としうるとしている。このことにより、特定歴史公文書等として管理、保存等がなされうる文書等の範囲の拡大が図られているともいえる。

　自治体においても、**法人等や個人からの寄贈、寄託あるいは議会等の文書を受け入れるか否かが論点なりうる**（→2(3)）。

　以上に挙げた論点は、各自治体において、その考え方いかんによっては、「特定歴史公文書等」の意義・内容にも影響してくるため、以下において、これらについて概観し、若干の検討を加えることとする。

2　検　　討

(1)　歴史公文書等、特定歴史公文書等についての基準

　何を以て「歴史資料として重要な」とするかについて、行政文書ガイドラインは、各々の実施機関が公文書管理法の執行に関して定めるべき規則等についてガイドラインを示すものである（行政文書ガイドライン別添）が、その別表第2「1　基本的考え方」は、「歴史資料として重要な公文書その他の文書」として移管すべき文書の基準を、次の4類型として示している。

> 【Ⅰ】国の機関及び独立行政法人等の組織及び機能並びに政策の検討過程、決定、実施及び実績に関する重要な情報が記録された文書」
> 【Ⅱ】国民の権利及び義務に関する重要な情報が記録された文書
> 【Ⅲ】国民を取り巻く社会環境、自然環境等に関する重要な情報が記録された文書
> 【Ⅳ】国の歴史、文化、学術、事件等に関する重要な情報が記録された文書

　これを更に詳細化して示した基準を示した行政文書管理ガイドラインを踏まえ、各々の対象機関の規則等において各自の基準が定められることとなる、とされる*。

　自治体においても、こうした基準を各自定めるべきことについては国と同様であるが、どのレベルでどの程度まで定めるかは、当該自治体の規範

*公文書管理法研究会編・前掲書（2019年）29頁。

についての取り扱いに準じるものと考えられる。

池川＊（令和3年1月1日時点において制定されている条例を対象）によれば、法律と同様に、条例には「歴史資料として重要な公文書その他の文書」とのみ規定し、規則等において国の行政文書ガイドライン同様の選別基準を示す例として熊本県行政文書の管理に関する条例2条5項、山形県公文書管理条例2条5項などがある。「歴史的資料として重要な」の意義が不明瞭であるため、札幌市公文書管理条例は「市政の重要事項に関わり、将来にわたって市の活動又は歴史を検証する上で重要な資料となるもの」（2条(4)）と規定しており、条例自体において行政文書ガイドラインの4類型を示す例として、鳥取県公文書等の管理に関する条例2条4項、香川県公文書等の管理に関する条例条4項などがある。

⑵　移管先機関の設置の問題について

公文書管理法は、歴史公文書等の移管先機関を国立公文書館等としている。自治体においても、これに相当する専門の施設を設置し、当該施設において非現用文書として保存等にあたることができれば、特定歴史公文書等について公文書管理法と同等の取り扱いが可能であるが、財政上あるいはその他リソースの制約等の問題から、そのような施設を設置することができない団体が多数あることが指摘されている＊＊。

そのような場合でも、バーチャルな移管先機関を設定した上で、当該機関において非現用文書として保存等を行うことが考えられる。熊本県行政文書等の管理に関する条例においては、特定歴史公文書は実施機関等から「知事」に移管され（8条）、知事部局の文書倉庫で保管される。このことについて宇賀＊＊＊は、「公文書館設置を前提としないでも公文書管理条例が制定できることを示した点においても、意義は大きい」と評価する。

他方、移管先機関をバーチャルにせよ設置しない場合、移管をすることができないため、実施機関の管理下のまま、半永久的に「歴史公文書等」が保管されることがあり得るし、「移管」を経る場合でも、当該文書を所管課に置いたままとする例があるとの指摘もある＊＊＊＊。そのような場合、当該文書の適切な保存について支障があるであろうし、混入、誤廃棄のおそれも考えられる。移管がない場合、利用に相当する請求については、当該自治体の現用文書に対する開示請求の仕組みを取らざるをえないであろう。その場合、特定歴史公文書等の利用制限事項に係る「時の経過」の概

＊池川滋彌「公文書管理法に準拠した公文書の現状分析及び制定における論点」『アーカイブズ研修Ⅲ修了研究論文集　令和2年度』（独立行政法人国立公文書館、2020年）156-191頁。

＊＊檜山幸夫「日本の公文書管理制度について」中京大学社会科学研究所アーカイブズ研究プロジェクト編『地方公共団体における公文書管理制度の形成─現状と課題─』（公職研、2017年）3-65頁（13頁）など。

＊＊＊宇賀・逐条公文書管理328頁。

＊＊＊＊檜山・前掲論文（2017年）13頁。

念（第 14 章）が適用されず、利用に相当する請求に関して、移管先機関
を設置する自治体と比較して住民の権利が制限されているといいうる。

　特定歴公文書等の移管先機関としては、専門の施設において専門職員に
よる保存等を図ることが望ましいが、少なくとも、**バーチャルな機関を設
定した上で、当該機関に移管し、非現用文書として管理・保存等をはかる
べきであろう。**

⑶　移管元の対象の範囲について

　まず、独立行政法人や地方三公社の法人文書を対象に含めるか否かの問
題がある。池川＊によれば、前者については、地方独立行政法人を設置す
る 15 団体中、13 団体が行政文書あるいは法人文書の対象機関とし、地方
三公社については、設置する 24 団体中、6 団体のみが行政文書あるいは
法人文書の対象機関としている。

　自治体の場合については、公営企業管理者（地方公営企業法 7 条）を含
むかどうかという特有の問題があるが、池川＊＊によれば、多くの条例が
これを対象機関としている。

　法人等や個人から寄贈・寄託された文書を含むか否かについては、各々
の自治体特有の判断が反映されるべき問題と思われる＊＊＊。実際、ばら
つきが大きい（例えば、鶴岡市公文書等の管理に関する条例 2 条 4 項は含めて
おり、山形県公文書管理条例 2 条 6 項は含めていない。）。

　行政機関以外の国の機関（立法機関、司法機関）であって法 14 条の協議
及び合意のある場合に相当する問題として、まず、議会の文書を対象とす
るか否かについては、議会を情報公開条例の対象機関に含めている場合は、
公文書管理条例においても議会は対象機関とされている例が多いようであ
る。議会独自の情報公開条例等を有する場合には、同条 4 号相当の規定に
より対象としうることが望ましい（法 14 条 4 号同様に議会文書の移管につい
て規定するものとして、鳥取県公文書等の管理に関する条例 11 条 2 項、香川県
公文書等の管理に関する条例 11 条 2 項など。）。自治体においては、刑事訴訟
に関する文書について、そもそも、現用文書の適用除外とする例が一般的
であるが、当該文書であって歴史的公文書等に相当するものについての移
管を規定するものが多い（山形県公文書管理条例 39 条 3 項、香川県公文書等
の管理に関する条例 30 条 3 項、熊本県行政文書等の管理に関する条例 39 条 3
項など）。

（和泉田保一）

＊池川・前
掲論文
（2020年）。

＊＊池川・
前掲論文
（2020年）。

＊＊＊地方
公共団体公
文書管理研
究会『自治
体の公文書
管理』（第一
法規、2019
年）179頁
（太田富康
執筆）。

第 11 章　保存実務①── 紙媒体

> 非現用文書の保存方法として、従前より培われてきた紙媒体に係る技術とそれに伴う課題について、概観する。ここでは主に、山形県の事例を素材とする。

1　法令等における歴史公文書等（非現用文書）の保存に関する規定

⑴　条例における規定

　公文書管理法では、歴史公文書等の保存について 15 条で規定されている。山形県公文書管理条例でも同様の規定となっており、同条例 14 条 1 項では、特定歴史公文書等として保存されている文書が歴史資料として重要でなくなったと認められ廃棄される場合を除いて**永久に保存しなければならない**と規定され、同条 2 項では、特定歴史公文書等について、その**内容、保存状態、時の経過、利用の状況等に応じ、適切な保存及び利用を確保するために必要な場所**において、**適切な記録媒体により、識別を容易にするための措置を講じた上で保存しなければならない**と規定している。

⑵　保存に関するガイドライン

　国の場合、内閣総理大臣決定によるガイドライン（特歴ガイドライン）が定められており、自治体にとっても公文書の保存実務において、参考となるものである。特歴ガイドラインでは、**受入れの際に保存のために必要な措置を行うこと、専用の書庫**において、**温度、湿度、照度等を適切に管理**するとともに、**防犯、防災、防虫等のための適切な措置を講ずること**とされている。留意事項として、書庫の温湿度、照明、消火設備、清掃メンテナンス及び IPM について、「国際規格（ISO）11799:2015（情報と文書－アーカイブズと図書館資料のための書庫要件）」、「IFLA（図書館資料の予防的保存対策の原則）」、「国宝・重要文化財の公開に関する取扱要項（平成 8 年 7 月 12 日文化庁長官裁定）」及び「文化財（美術工芸品）保存施設、保存活用施設設置・管理ハンドブック（平成 27 年 3 月、文化庁文化財部）」を引用して示している。

2　保存実務

　現用文書は、業務を行うために保存しており、一定期間職員が利用した後は廃棄するものがほとんどであるのに対し、非現用文書の保存は、**一般の利用に供するとともにその歴史的価値を後世に遺すための保存が求められ**ている。そのため、**受入れ時に生物被害への対処や簡単な措置**（ドライクリーニング、皺伸ばし、不要な付せん・クリップ・ホチキスの針の取外し、綴じ直し）を行うこと、**日常の保存環境の管理を適切に行うことにより書**庫での**生物被害の発生や特定歴史公文書等の劣化を未然に防ぐことが必要**とされている。

　ガイドラインでは、書庫内の虫菌害対策措置は、**文化財の総合的病害虫管理（IPM）**の考え方も踏まえ、例えば、「捕虫トラップ」等による有害生物調査（モニタリング）を実施するなどして各館の環境等に応じた適切かつ効果的な手法を講じることも有効であるとし、参考として「文化財の生物被害防止に関する日常管理の手引き」（平成 14 年 3 月、文化庁文化財部）をあげている＊。

⑴　受入れ時の措置

　簡単な措置のほか各館において対策可能な虫菌害対策措置等（二酸化炭素処理、低酸素処理、低温処理、くん蒸等）を行うこととされている。少量であれば、酸素を通さないフィルムでできた袋に水分中立型の脱酸素剤と一緒に入れることで低酸素濃度処理となるので、カビ等があった際はこの方法により隔離しその間に適切な対処法を探ることができる。紙文書に発生するカビは、人体に有害なものが多く、取り扱いには十分な注意が必要である。

⑵　保存環境の管理

　日常の保存環境の管理としては、まず**温湿度管理と光対策**が挙げられる。IFLA の基準等により温度は摂氏 20 度～22 度、湿度は相対湿度 55～65％を目指して管理されてきたが、ガイドラインでは、**温度は緩やかな変動で**あれば良いとし、湿度の管理に留意するよう促している。カビ対策には**相対湿度 60％ 以内**にする。光対策については、**紫外線対策を行うよう促し**ている。LED 照明は紫外線を発しないが、退色などの影響はあり、自然光でも照明でも**光に照らされる量を最少とすることが必要**である。これか

＊「文化財の生物被害防止に関する日常管理の手引き」では、被害が発生してからの駆除や処置中心とした対策から危害を未然に防ぐ予防対策に転換し、日常の管理システムを確立して有害生物を施設内に入れずカビも生育させないようにして、被害が発生した際もできるだけ地球環境や人間の健康に配慮した駆除方法を採用し、定期的な予防システムの見直しを行うことを求めている。

＊IPMや生物被害対策について、東京文化財研究所のホームページのIPM関連資料一覧に手引きやわかりやすくまとめられたポスターが掲載されている。

らの照明は、LED照明を利用することが多くなってくると予測され、2021年に一般社団法人照明学会が「美術館・博物館の技術的指針」を策定している。

　消防、防災対策について、ガイドラインでは、消火設備について**ガス式消火**が推奨されている。近年、豪雨災害が増加しており水害への備えも重要になっていると思われる。**箱に収納**することで、影響が歴史公文書原本に及ぶのを遅らせる対策、持ち運び、**移動を容易にする工夫**なども必要になってきているのではないか。

　書庫に関するメンテナンスは、データロガー等により年間を通じて温湿度を計測するなどの**環境管理**を行うことや、所蔵資料自体の**状態確認**を定期的に行うなどの**日常的な維持管理を行うことが大切**であるとしている＊。書庫の清掃は、**定期的かつ継続的**に行い適切な方法及び用具を選択することとしており、掃除機での吸引清掃を例示している。また、**外部から書庫内に汚染物質等（例えば塵、埃、土、虫）が入らないような対策を講じる**ことが大切であるとしている。

＊＊紙媒体の文書の保存対策は、年代別、材質別に様々である。国立公文書館ホームページの「報告書・資料等」のページに「国立公文書館所蔵資料保存対策マニュアル」が掲載されており資料の特徴と保存対策が詳しく記載されている。

⑶　修　　復

　ガイドラインでは、**手繕い、裏打ち、漉嵌・リーフキャスティング**（古文書等）、**仕立て・表装**（掛け軸）、**脱酸性化処理**（酸性紙）などが考えられるとしている＊＊。修復の実施には、4つの原則を踏まえて処置するよう留意が必要であるとされている（3条2項1号＜留意事項＞【修復等について】）。

> ①**原形保存の原則**（特定歴史公文書等の原形を出来る限り変更しないこと）
> ②**安全性の原則**（特定歴史公文書等に対して影響が少なく、長期的に安定した非破壊的な方法であること）
> ③**可逆性の原則**（必要に応じて元の状態に戻せること）
> ④**記録の原則**（修復前の原形及び処置内容等を記録に残すこと）

＊＊＊神奈川県立公文書館編『令和3年度神奈川県立公文書館年報』（2022年）14頁より抜粋。

　神奈川県立公文書館では、次頁の図のような修復スキームが構築されている＊＊＊。

⑷　代　替　措　置

　移管元での現用文書の保存環境により既に相当劣化が進んでいる場合は内容を保存するために写真撮影などの方法により**電子化（デジタル化・アーカイブ化）**する。また、展示、利用のために**複製を作成**し、原本の劣化が

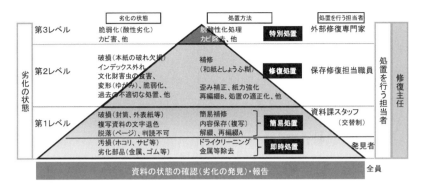

進まないようにする。

3　歴史公文書（紙媒体）保存の課題

　永年保存が要求されているため、保存場所及び利用時の取り扱いその他の課題がある。

(1)　保存場所

　紙文書は、物理的に保存のためのスペースを要する。原則として廃棄しないため、毎年移管を受けた分だけ保存スペースが必要になってくる。先々を考え広い保存場所を確保したいところだが、移管元から遠く離れた場所だと参照しにくくなるため移管が進みにくくなる懸念がある。山形県公文書センターは、主たる移管元である県庁の隣接市の分庁舎内から令和2年に山形市内の県立図書館と同じ施設内に移転し歴史公文書を保存している。保存場所の利便性、保存環境、長期的な保存スペースの確保は課題である。

(2)　利　　用

　歴史公文書の保存は、利用するために行うものであるが、紙媒体の場合、利用することで損傷が進むという問題がある。図書館の本と同じように現物を見て手に取って歴史公文書に親しみを持ってもらい活用を促進したいとの考えから閲覧場所にガラス扉のキャビネットに収蔵し来室者からよく見えるように配置する方法もある。しかしながら、光を浴びてしまうとその分だけ劣化が進み元にもどることはない。将来に向けて利用できる期間が短くなってしまう。そのため、ほとんどの公文書館では原本はすべて閉架とされている。原則として原本を閲覧に供することとなっていても、損傷が懸念されるものは複製物を紙媒体で作成したり必要に応じデジタル化

して、利用に供することが求められる。

⑶　人　　材

　　紙媒体の歴史公文書を永年保存していくには、保存環境管理、修復技術などの専門知識を要するとともに、ドライクリーニングや清掃、補修など大変手間がかかり、その作業は地味なものである。高度な知識技能を持ちつつも地味な作業を厭わず歴史公文書の保存に取り組む人材の評価を高めていくことが必要である。

（高梨美砂子）

第12章 保存実務②──デジタル媒体

> 非現用文書（特定歴史公文書）をめぐり、公文書館等への移管から半永久的
> に保存状態になるまでの一連の過程のほか、利用促進に資するためのデジタ
> ルアーカイブの構築について、概観する。

1 非現用文書（特定歴史公文書等）におけるデジタル化の課題

公文書そのもののデジタル化は、現用・非現用を問わずDX時代におい
て求められる政策であるが、両者は大きくは次の点でその内容を異にする。

現用文書の場合、作成、管理（整理）・保存、評価・移管といった一連
の文書管理の過程において、デジタル化に伴う多数の考慮事項が存在する
が（第7章）、非現用文書の場合、いかに永久保存するかが主な課題となる。
具体的には、公文書館等への移管に際し、受入れのためのデータ化（電子化）
や長期保存のためのデジタル技術の標準化などが、保存実務の課題となる
（→2）。

また、運用上、移管後の公文書は、情報公開制度を前提とする現用文書
とは異なり、公文書館所蔵文書のデジタルアーカイブにおける文書閲覧方
法など、利用の促進という課題を抱えている（→4）。

ここでは、これらの諸課題を国レベルの方針及びそれらが持つ自治体へ
の影響についてもあわせて、概説する。

2 移管から利用までの流れ①──国の場合

⑴ 流れの概念

移管	各府省等による文書の移管に際し文書管理システムを活用等すること
受入れ	ネットワーク又は可搬媒体により移管された電子公文書等について媒体変換を行ったうえで検疫等を行うこと
保存	電子公文書等の見読性を長期に確保することを図るため、原則として「長期フォーマット」に変換して保存すること
利用	デジタルアーカイブ等によって一般の利用に供すること

　　国レベルでは、2010 年には「電子公文書等の移管・保存・利用の具体的方法に係る方針」（平成 22 年 3 月 26 日内閣府大臣官房公文書管理課）において、移管→受入れ→保存→利用の四段階がすでに示されており、2011 年 4 月から「電子公文書等の移管・保存・利用システム」として運用が開始されている。このように、いわゆる DX 時代以前より、移管から利用に至るデジタル技術を伴う一連の非現用文書に係る流れが存在していたが、他方では、自治体によって進展の度合いに差があることも事実である（→ 3）。

　　なお、2022 年 2 月には内閣府大臣官房公文書管理課長より上記方針を改定する一連の通知が出され、その中で「電子公文書等の移管・保存・利用の具体的方法に係る方針」（令和 4 年 2 月 10 日内閣府大臣官房公文書管理課長）（以下、「令和 4 年通知」という）が出されていることから、当該通知に沿って概要を摘示しておく。

　⑵　移管の手段について

　　電子公文書であると、すでに構築されている「政府共通ネットワーク」を通じてオンラインでの移管作業が行われる一方、可搬媒体（CD-R、DVD-R、HDD 等）による場合も依然想定されている（令和 4 年通知 1(1)①）。ただし、「政府共通ネットワーク」は、今後、「ガバメントソリューションサービス（GSS）」に更新されることを踏まえ、大量のデータ送信を担うことも可能な庁内ネットワークになることを考えると、可搬媒体からの転換が一層進むことが考えられる。

　⑶　受入れにおける媒体変換について

　　受入れにおける媒体変換とは、移管された電子公文書が受入システムにおけるシステムに格納されることを指す。令和 4 年通知では、この格納に際しての具体的な方法について特段指摘はないが、文書・表計算・プレゼンテーションのほか画像・音声・映像等の「標準的フォーマット」の受入れが可能な体制を整備することが求められている＊。このことから、受入れに際し、**最新のデジタル処理技術を念頭に置く運用**が求められよう。

　　なお、ネットワークと可搬媒体による移管の二つの形態を想定しているが、**可搬媒体は原則として保持しない**とされるため（同 1(2)②）、その廃棄等の処分方法が課題となる。

＊やや古い資料だが、国立公文書館「電子公文書等の移管・保存・利用システムについて」（2011年 9 月 8 日）、内閣府ウェブサイト（https://www8.cao.go.jp/koubuniinkai/iinkaisai/2011/20110908/20110908haifu6-1.pdf）参照。

⑷　標準化作業について

　電子公文書等を永久保存するため、**「長期保存フォーマット化」に変換することが求められる**。国立公文書館では、文書作成・表計算、プレゼンテーションの各フォーマットについては PDF/A-1 (ISO-19005) が、画像フォーマットについては JPEG2000 (ISO-IEC15444) がそれぞれ定められている (音声及び動画の各フォーマットは記述されていない)。これらのフォーマットは、いずれも ISO (国際標準化機構) が制定する国際標準等に準拠したものである (令和4年通知⑶①、表1)。

⑸　デジタルアーカイブについて

　一般利用に供するうえで、保存された電子公文書等の複製物を作成し、それをデジタルアーカイブ上で利用可能とするシステムが求められる。複製物はデジタルゆえに作成が容易となる一方、二次利用に伴う課題などを含めた課題が考えられる (→4)。

3　移管から利用までの流れ②——自治体における課題

⑴　自治体公文書館等の役割

　デジタルアーカイブ等によって非現用文書の一般利用に供することは、すでに一部の自治体では行われているものの (→4)、公文書館等への文書移管から利用に至るまでの体系構築は、そもそも現用段階におけるデジタル化が必ずしも十分でないという実態があり、依然過渡期にあるといってよい。このことから、**自治体との関係では、まずは現用文書のデジタル化推進を一層図ることが何よりも必須**である。

　もっとも、その前提に立つとしても、すでに一部の現用文書は庁内ネットワーク上で処理される状態にあること、電子メール文書のように作成段階 (電子メールと作成段階の関係について 第3章) において必然的に電子化された形での管理 (整理)・保存の対象とされてきたことなどが事実としてある。このことを踏まえると、むしろ**受入側となる公文書館 (またはそれに相当する自治体機関) 側の保存・利用体制を積極的に構築することが先決となる場合**もあろう。

⑵　体制整備に伴う固有の課題

　自治体の場合も、2に見たように、基本的には国レベルのシステムに依拠した体制を参考にすべきであろう。その場合、**できるだけ明確にルール**

化することで、**移管から利用までの具体的行程が明示されるようにし、現用文書の保存・管理担当課からの移管が電子媒体についてもスムーズに行われる仕組みを構築すべきである。**

　他方、一般利用に供する体制の積極的整備は、一つの自治体だけで完結するわけではなく、他の自治体の公文書館等との連携促進にも資する点に留意すべきである。この場合、各自治体におけるデジタル化の実態に差が生じている以上、連携に困難が生ずるという懸念も考えられるが、現用文書の電子化を一般的傾向とする以上、非現用段階におけるシステム構築も必然的である。このことから、公文書管理制度の早急な整備と並び、公文書館等を持たないことで受入態勢が整備できない場合には、むしろ共同化に係る具体的対応を検討すべきであろう（公文書館等の連携課題については 第 20 章 ）。

4　デジタルアーカイブの具体的課題——国立公文書館の事例を念頭に

⑴　デジタルアーカイブとは？

　デジタルアーカイブとは、一般利用者が管理・保存されているデジタル化された公文書を閲覧できる場所であり、通常、インターネットを通じアクセス可能な電子空間を指す。現用文書の場合、情報公開制度のように開示請求に対応するために組織内の公文書の管理・保存が求められるが、非現用文書の場合、利用を前提として、移管後の文書の利用促進に資するべきという点に、違いがある。

　国立公文書館が策定した「独立行政法人国立公文書館デジタルアーカイブ推進要綱」（2009 年 4 月）によれば、「デジタルアーカイブ化推進に関する基本的枠組み」の中で、**「いつでも」、「どこでも」、「だれでも」、「自由に」そして「無料で」が基本的方針**として列挙されているが（3⑴）、これ自体は自治体公文書館等のデジタルアーカイブにも当てはまる概念といえる。

⑵　デジタルアーカイブの制度設計

　国立公文書館では、公文書管理法制定以前の 2002 年から、すでにインターネットを通じたデジタルアーカイブの運用を開始しているため※、**公文書管理制度の法制化とデジタルアーカイブの関係は必ずしも密接に連携されているわけではない。**したがって、自治体においても、公文書管理条

※ここでは詳細は省略する。具体的な取組み内容は、例えば八日市谷哲生「国立公文書館におけるデジタルアーカイブの取組み」アーカイブズ学研究 15 号（2011 年）5 頁以下。

例等が未整備であっても、デジタルアーカイブを先に構築しておくことは十分に考えられ、むしろ要請されるといってよい。

　他方、国立公文書館が「公文書館等におけるデジタルアーカイブ・システムの標準仕様書」(2009年3月作成、2018年3月改訂)(以下、「標準仕様書」という)を公表し、整備の基準を設けている点は、注目されよう。ここでは詳細は省くが、少なくともある自治体がデジタルアーカイブのシステムを未構築とする場合、標準仕様書の存在は極めて有用となるため、それに準拠したシステム構築がまずは期待される。

　なお、法的な問題が直接絡む課題は少ないが、そもそもデジタルアーカイブは電子公文書の二次利用という観点から、自治体独自の著作権法に係る課題もある点は注意を要する(→(4))。

(3) デジタルアーカイブの利便性向上

　標準仕様書は、システム構築に係る文字通り標準となる仕様を示したものであって、利用者に対する実際の利便性向上に係る手段は、それらに縛られない。例えば、広島市公文書館のケースのように、利用者からの個別の利用申請に応じ、電子メールでの資料のデジタルデータ送信による対応等を可能とする取組みもみられる*。これは、来館を必要としない利用を可能にする点において、例えば、日常生活に支障のある又はコロナ禍等のようなパンデミック下において行動制約を伴う利用者に対し利便性が向上する重要な参考事例となろう。

　この場合の具体的課題として、デジタルデータであるために複製が容易であることによって、メールでのやり取りにはより抑制的となるべきとの考え方もありうる。しかし、現用・非現用文書が一般利用に供されることは紙媒体であっても変わらず、複製の容易さがメールのやり取りを妨げる理由になるとは考えにくい**。また、利用請求時に公文書管理条例等で全部または一部の利用を拒否し得る等必要な制度整備があれば、このような方法がとられること自体特に問題はないと考えるべきであろう。

(4) 著作権法との関係

> **著作権法第42条の3第1項**
> 国立公文書館等の長又は地方公文書館等の長は、公文書管理法第15条第1項の規定又は公文書管理条例の規定(同項の規定に相当する規定に限る。)

*向久保亨「電子公文書館(デジタルアーカイブ)に向けた取組について」アーカイブズ78号(2020年)。

**兵庫県は情報公開請求において公文書公開システムを利用してオンラインでの開示が可能な仕組みが導入されている。兵庫県ウェブサイト(https://web.pref.hyogo.lg.jp/kk33/documents/koubunnsyokoukaisisutemunniyorukoufunituite.pdf)参照。

により歴史公文書等を保存することを目的とする場合には、必要と認められる限度において、当該歴史公文書等に係る著作物を複製することができる。

同条第 2 項

国立公文書館等の長又は地方公文書館等の長は、公文書管理法第 16 条第 1 項の規定又は公文書管理条例の規定（同項の規定に相当する規定に限る。）により著作物を公衆に提供し、又は提示することを目的とする場合には、それぞれ公文書管理法第 19 条（同条の規定に基づく政令の規定を含む。以下この項において同じ。）に規定する方法又は公文書管理条例で定める方法（同条に規定する方法以外のものを除く。）により利用をさせるために必要と認められる限度において、当該著作物を利用することができる。

　デジタルアーカイブは、例えば画像データとしての公文書等を利用に供するといった場合、取得した著作物の二次利用の可否が問題となる。この点は、すでに著作権法 42 条の 3 第 1 項において制度上の手当てがなされており、同項が「公文書管理法第 15 条第 1 項の規定又は公文書管理条例の規定（同項の規定に相当する規定に限る。）」とされることから、自治体において条例等による利用規定が設けられている場合にも適用される。逆に、そうではない自治体において二次利用の可能性がある場合は、利用に際し著作者からの利用許諾を受ける必要があるため、事前に許諾に必要な手続に関する書面等の準備や説明が求められよう。

　他方、著作権法 42 条の 3 第 2 項の規定にあるように、公文書管理法 19 条又は条例で規定する方法によって利用に供する状態に置く場合の具体的方法として、デジタルアーカイブに限界があるかが問題となる。しかし、公文書管理法 19 条が規定するのは、公文書館の利用者がデジタルカメラで文書を撮影するなどの場合についてである。この意味で、既にデジタル化された公文書を第三者に閲覧状態に置くデジタルアーカイブとの関係について、組織的に共用されてきた文書は問題があれば移管時に利用制限を付するため、それ以外において何がしかの問題は生じにくいと考えられる。

　その一方、歴史資料をはじめとした寄贈文書の場合、デジタルアーカイブ上に掲載され一般利用に供する状態に置かれ、およそすべての文書に係る二次利用が無制限に認められれば、寄贈が躊躇され、結果的に利用促進を阻害する可能性も否定できない。このため、標準仕様書 2-4-5 によれば、パブリック・ドメイン・マークやクリエイティブ・コモンズ・ライセンスといったインターネット上のコンテンツ等の利用条件を明示する枠組みを

使って、明確なルールの下でコンテンツの再利用の促進が期待されている
点は注意すべきである。自治体の場合、特に郷土資料等の寄贈が公文書館
にあった場合、デジタルアーカイブにおいて一般利用に供する際の配慮事
項の一つといえよう。

（友岡史仁）

第13章　管理（整理）実務と
　　　　　　　アーキビストの役割

> 歴史公文書等の管理（整理）実務の意義と目的を提示したうえで、具体的な
> 手順を紹介する。管理（整理）実務は移管先機関の業務の根幹を担う作業で
> あり、アーキビストの職能の基礎となる大切な工程である。

1　管理（整理）業務の目的

⑴　管理の明確化

　本書第2部にもあるように、公文書は例規やガイドラインなどの一定の
ルールの中で作成・管理・保存されている。その後評価選別された非現用
文書は移管先機関において再整理される。

　公文書管理法15条は、特定歴史公文書等を適切に永久に保存すること
を国立公文書館等の責務としている。

公文書管理法第 15 条
国立公文書館等の長（国立公文書館等が行政機関の施設である場合にあって
はその属する行政機関の長、国立公文書館等が独立行政法人等の施設である
場合にあってはその施設を設置した独立行政法人等をいう。以下同じ。）は、
特定歴史公文書等について、第25条の規定により廃棄されるに至る場合を
除き、永久に保存しなければならない。
（以下略）

　この責務を全うするためには、管理簿を整える必要がある。管理簿には、
**どのような文書（名称・年代）がどの組織からいつ移管され、どの書庫に、
どのような状況で保管されているか記録しておく**。これは、地方自治体の
公文書館等においても同様である。特に東京都などの公文書管理条例を制
定している自治体では、同様の条文を有しているので、管理簿を整備する
ことは移管先機関の基本的な責務に位置付けられている。また、公文書管
理条例が未施行の自治体においても、資料保存の観点から管理する非現用
文書について正確な記録を保存することは、運営管理上欠かせない業務で
ある。

⑵　利用者の利便性

　現用文書の情報公開では、利用者が個別の文書を特定する必要はない。しかし、非現用文書の利用は、利用者が必要な文書を特定し利用請求を行う必要がある。これは公文書管理法 16 条に規定されている。

> **公文書管理法第 16 条**
> 国立公文書館等の長は、当該国立公文書館等において保存されている特定歴史公文書等について前条第四項の目録の記載に従い利用の請求があった場合には、次に掲げる場合を除き、これを利用させなければならない。
> （以下略）

　この規定を達成するために、移管先機関では利用者が必要とする情報がどの文書に記されているのか検索するための目録を整備することが求められる。目録整備の前提には、利用者が行政組織の変遷や、業務の仕組みを理解しているわけではないことを念頭に置く必要がある。このため管理簿の情報に加えて、**文書が作成された業務内容、他文書との関連や、公開を前提とした利用制限情報の有無を記録しておく必要がある**。例えば、自治体の場合、組織改編や担当業務の変更により、同一業務でも移管元が異なる文書が存在する。そうした業務に共通のキーワードを付与し、検索結果に反映させる。その他にも、首長が出席し複数の議題が取り上げられた会議の文書には、議題を検索できるようなキーワードを付与することも考えられる。

2　管理（整理）業務の流れ

⑴　受　入　れ

　移管された非現用文書に対して最初に行う作業は、それがどの組織により作成・管理されていたかという**出所の原則に基づく選り分け**である。選り分けの深度はそれぞれの自治体の規模や変遷によって異なっても構わない。例えば、国であれば省庁別、都道府県であれば部局別、合併を経た市町村であれば旧市町村やその組織別などが考えられる。この時、注意しなくてはならないのが、**原秩序尊重の原則**である。保存措置とは関係なく、安易に文書の綴り方を変えたり、形態を変更したりすれば、現用段階での文書の状態に手を加えることになってしまう。そうなると、文書が持つコ

ンテクストに変更を加えることになり、正しい情報を未来に伝達することができなくなってしまう。そのため、受入れた文書は極力その形態や秩序を変更することなく、管理することが求められる。

⑵　管理簿（目録）の作成

管理簿（目録）の作成は、公文書管理法が施行する以前から、自治体誌の編さん過程や、多くの研究機関の成果として取り組まれてきた。それは、刊行物の本文や研究論文には記しきれない素材を読者に提供するために、資料の現状を説明するために培われてきた技術である。その技術は、公文書館に引き継がれ、より洗練されてきている。管理簿（目録）には基本的な情報として、**管理番号・文書名・文書の作成年（月日）・作成主体（管理主体・移管元機関）・文書の形態・保存状態・保管場所・利用制限情報の有無**などが抽出される。これに加え近年では、多くのアーカイブズでISAD(G)（日本語訳を「国際標準アーカイブズ記述」という）に基づく編成が検討されている。ISAD(G) は、作成主体を一つのグループとしてフォンドを定め、その中に機能別となるシリーズを設定し、文書一つ一つを表すアイテムとして編成していく。一見すると概念的で抽象的に見えるが、利用者の視点に立ってアイテムを検索することを考えると、その文書がどの**部署が・どの時期に・どのような仕事の中で**作成した文書なのか明確する必要がある。フォンド＝どの部署が、シリーズ＝どの時期に・どのような仕事の中でと考えると分かりやすいだろう。一つのアイテムがどのシリーズやフォンドに編成されるものか検討しながら作業を行う。現用段階の管理にもファイル管理簿が用いられ分類管理がされている場合は、文書名や分類名をフォンドやシリーズに生かすことも考えられる。

このように管理簿（目録）作成作業は、より多くの情報を記録しておくため、文書の内容を熟覧する時間を確保するのが望ましい。そして、作業を複数の職員が担当するのであれば、抽出情報に差異がないようにすることが大切である。そのためにあらかじめ法規によって抽出情報を定めておき、共通の作業マニュアルを整えておく必要がある。

⑶　排　架

公文書館において文書は書庫に排架される。職員は、どの管理番号の文書が、どの書庫にあるのか把握しておく必要がある。

排架の方法は大きくは２つに分類される。一つは、**管理番号順に書庫の**

＊ISAD(G)とは1994年に国際文書館評議会(ICA) が承認した目録記述の国際標準である。現在は第2版が公開されている。アーカイブズについて４つの階層（フォンド・シリーズ・ファイル・アイテム）を提示し、目録に記述する要素を7つのエリアと26項目に整理している。

端から順番に並べる方法である。この方法は、管理番号を付与する段階で書庫の状況や文書の形態をもとに、排架状況をイメージする必要がある。この場合、管理番号は文書のフォンドやシリーズに基づいて付与されるため、書架には余裕を持ったスペースが必要になる。

　もう一つは、管理番号とは別に**書庫・書架に基づく情報を管理簿（目録）に記録する**方法である。この場合は、書庫内は受入れた順などの管理番号に基づかない順番で排架しても良いが、書庫・書架番号を緻密に管理しておき、書架の移動があれば常に管理簿（目録）を更新する必要がある。

　この 2 つの方法は、どちらにもメリット・デメリットがあるため、施設（書庫）の規模や、整理を担当する人員や年間の受入れスケジュール、文書出納に携わる人員の規模から最適なものを選ぶことをおすすめする。例えば、自治体の合併を経て文書が移管されてきている施設では、管理番号がフォンド別（元の自治体別）になっている場合が多い。この時は前者のように管理番号に基づいて、書架を分けて排架する方が良いが、その分それぞれのフォンドごとに書架の余剰分を多く設定しておく必要がある。書庫のスペースが限られ、フォンドの種類も少ない場合は、後者を選択することもできる。しかし、日常業務の中で文書の移動を正確に記録しておかなければならない。

3　アーキビストの役割

(1)　利用者への情報提供
　作成された管理簿（目録）は、資料管理上や防犯上で職員のみが把握しておけば良い項目を除き利用者に提供される。現在、多くの施設でインターネット上に検索サービスを提供し、利用者が来館しなくても、資料情報にたどり着ける手段を設けている。また、ジャパンサーチや国立公文書館デジタルアーカイブでは、複数の施設の検索サービスを横断的に利用することができる。しかし依然として、利用者自身が利用したいと情報にたどり着くのは困難な場合が多い。そうした場合は、**アーキビストが検索の補助を行い、管理簿（目録）を駆使して情報提供を行う**必要がある。こうした情報提供はレファレンスサービスと呼ばれている。

　利用者が検索に困難を感じる場合の多くは、自らが知りたい事象の関連情報を持っていないときである。例えば、利用者がある自治体が主催となっ

た行事の記録を探しているとする。利用者は当然、その行事名で検索を行う。このとき行事名が管理簿（目録）に正しく記録されていれば、該当の文書に行き着くことができるだろう。しかし、開催準備の過程で名称が変更された場合や、行事名を冠しない会議や関連事業があった場合には、利用者の検索が行き詰ってしまう。その時**アーキビストは、自治体内部での組織の変遷や、意思決定過程に関する情報を利用者に提供し、検索のキーワードとなる項目を増やす手助けをする必要がある。**それでも困難があるときは、アーキビストが自ら管理簿（目録）を検索し、該当する可能性のある文書を利用者に提供することもある。また、主催内部の情報以外の関連情報を得るためには、広報誌や新聞・当時の刊行物に関する情報も紹介する必要がある。そうした情報を円滑に提供するためには、日ごろから組織や担当業務の変遷に関する知識や行政情報だけでなく、自治体の広報誌や地域の新聞・刊行物を収集しておくことが大切である。

⑵　管理（整理）作業の意義

移管先機関における管理（整理）作業は一見すると単純なライン作業のように思われる。実際、多くの機関でこの工程が最も時間や労力がかかるため、専門的な知識のない作業員や、一般の事務員が担当している。しかし、管理簿（目録）を整える作業は、機関の業務を支える根幹である。情報が整理された良い管理簿（目録）があれば、機関全体の業務の質が向上する。そのため、アーキビストによる作業工程の監理・監督・情報の更新が必須となる。

作業工程の監理・監督を行うためには、まずアーキビスト自身が質の高い管理簿（目録）を作成することができなければならない。そのためには、より多くの文書を自分の目で確認し、文書の多様性、目録編成の困難さに直面する中で、知識を蓄積していくことが必要である。その知識を周囲と共有し、レファレンスサービスを通じて利用者に提供していくことで専門職としての技量の向上に繋がる。つまり、管理（整理）作業はアーキビストの職能を支える基本的な技能の一つといえる。

（青木弥保）

第14章 利用請求実務①──「時の経過」概念

> 歴史公文書等の利用請求の対象に関する基本概念である「時の経過」及びその該当性について論ずる。自治体によるこの該当性の解釈の具体化の試みを概観しつつ、利用請求実務への影響を見極める。

1 利用制限事由と「時の経過」

公文書管理法16条は、「国立公文書館等の長は、当該国立公文書館等において保存されている特定歴史公文書等について……利用の請求があった場合には、次に掲げる場合を除き、これを利用させなければならない。」と規定し、利用制限事由として、同条1項1号は、「当該特定歴史公文書等が行政機関の長から移管されたものであって、当該特定歴史公文書等に次に掲げる情報が記録されている場合」とし、イ～ニとして、「行政機関情報公開法第5条第1号に掲げる情報」などの事由を列挙している。

特定歴史公文書等については、現用文書についての「開示」とその請求にあたるのが、本条の「利用」とその請求であり、利用制限事由として、情報公開法制*の非開示事由が準用されている（但し、情報公開法5条1項3号および4号情報（いわゆる、「国家安全情報」および「公安・秩序情報」）に該当する規定は、公文書管理法16条1項ハ・ニにおいて判断主体を国立公文書館等の長として直接規定しており、行政機関情報公開法5条1項5号情報（いわゆる、「審議、検討情報」）、6号ロ～ニに該当するものは、公文書管理法には存在しない）という構造となっている。また、法人文書についても同様な制限事由が規定されている（同項2号）。

> *情報公開法及び法人文書についての「独立行政法人等の保有する情報の公開に関する法律」を指す。

そして、現用文書に対する開示請求にかかる非開示事由との大きな相違点として、同条2項は、利用請求「に係る特定歴史公文書等が同項第1号又は第2号に該当するか否かについて判断するに当たっては、当該特定歴史公文書等が行政文書又は法人文書として作成又は取得されてからの**時の経過**を考慮……しなければならない。」としている点がある。

「時の経過」を勘案することの意義としては、「……文書として作成または取得された時点においては不開示情報であったとしても、その後の時の

＊宇賀・逐条公文書管理160頁。

＊＊参照、国立公文書館総務省ウェブサイトhttps://www.archives.go.jp/information/pdf/riyoushinsa_2011_00.pdf.（2023年1月4日閲覧）。

＊＊＊宇賀・逐条公文書管理161頁。

＊＊＊＊30年原則とは、公文書館国際会議(ICA)の1968年の第6大会決議文「公開制限と公開の延期」に基づくものとされ、「原則として、文書の非公開期間を30年、特例で80年と定め、できるだけ短い期間で文書の自由な閲覧利用を実現する考え方である」とされる。参照、地方公共団体公文書管理研究会・前掲所（2019年）191頁。

経過により、秘匿する必要性は一般的に減少する。とりわけ、特定歴史公文書等として利用請求を受ける場合には、……移管された後も、時が経過しているので、移管時点においては利用制限事由に該当したとしても、利用請求時点においては、利用制限事由に該当しない可能性がある。したがって、一般的に利用を認める方向に働く考慮要素として」作用する点にある＊。

　この点について、「独立行政法人国立公文書館における公文書管理法に基づく利用請求に対する処分に係る審査基準」＊＊（平成23年4月1日館長決定。以下、本章において「審査基準」という）はその基本方針において、「個人や法人の権利利益、公共の利益を害するおそれの蓋然性は、時の経過やそれに伴う社会情勢の変化により低下することもあり得る」としていることも参考になるであろう。

　他方、本法には公益上の裁量的利用を認める規定は置かれていないことについて、「特定歴史公文書等については利用制限事由が行政文書……の不開示情報に比較して限定されていること」に加えて、利用の決定の判断に当たって、「時の経過を参酌しなければならないとされていることに照らして、あえて、公益上の裁量的利用について規定する必要はないと考えられたためである」とされる＊＊＊。

　自治体においても、特定歴史公文書等についての利用制度を規定する際に「時の経過」を勘案するべきことについて国の場合と異なるところはない。

　以下では、これら利用制限事由にかかる「時の経過」概念について、その意義の具体的内容や効果について概説し（→2）、この概念をめぐる課題、あるいは、条例において定める場合における課題について、若干の検討を行う（→3）。

2　「時の経過」概念の意義と内容

(1)　個人識別情報に係る「時の経過」概念

「時の経過」の概念が具体的に意味するところに関して、衆参両院の内閣委員会において、特定歴史公文書等の利用制限について、「『30年原則』＊＊＊＊等の国際的動向・慣行を踏まえ、**必要最小限のものとすること**」との附帯決議（衆院附帯決議8項、参院附帯決議9項）がされており、独立

行政法人国立公文書館利用等規則 12 条 3 項は、「時の経過を考慮するに当たっては、利用制限は原則として作成又は取得されてから 30 年を超えないものとする考え方を踏まえるものとする」と規定している*。

しかしながら、個人識別情報に関して、例外的開示を認める例の一つである「慣行として公にされている情報等（行政機関情報公開法 5 条ただし書イ及び独立行政法人等の保有する情報の公開に関する法律 5 条ただし書イ、いわゆる「公領域情報」)」について、審査基準 2 イは、「「慣行として」とは、……公文書館等においては、従来、30 年を経過した歴史公文書等について、作成又は取得から一定の期間が経過し、個人の権利利益を害するおそれが認められなくなった時点において、当該個人情報を公開してきたことから、個々の案件における利用制限事由の該当性の判断に当たっては、これらの運用も踏まえることとする。」と規定し、更に括弧書において、「一定の期間の目安については、別添参考資料「30 年を経過した特定歴史公文書等に記録されている個人情報について」を参照。」としている。「別添参考資料」においては、一定の期間、当該情報を公にすることにより、当該個人の権利利益を害するおそれのある個人情報の重要性に応じて 3 段階のカテゴリーが設けられていて、「一定の期間」の目安として、50 年、80 年、そして 110 年を超える適切な年と示されている**。すなわち、「30 年原則」は、個人情報の例外的開示事由である公領域情報に関しては、運用実務上、更に長期の利用制限期間が設けられており、すなわち、**「特の経過」概念による利用制限の緩和を縮小する方向に規定されているもの**と指摘できる。

また、審査基準ウは、「公にされ」について、「過去に公にされた情報については、時の経過により、利用決定等の時点では、「公にされ」に当たらない場合があることに留意」とする。これも利用制限の緩和を縮小する方向へ作用する。

これらの「縮小」については、当該情報により害されうる個人の権利利益の重大性に鑑みるならばやむを得ないものと思われるが、30 年原則の趣旨、あるいは審査基準がその基本方針において「時の経過を考慮してもなお利用制限すべき情報がある場合に**必要最小限の制限を行うこと**」としている点についても十分に留意すべきであろう。

(2)　その他の事由に関する「時の経過」概念の意義と効果

個人識別情報に係る「公領域情報」以外の利用制限事由についても事由

*参照、宇賀・逐条公文書管理 160 頁。

**「別添参考資料」には、第 1（50年）の例として、学歴又は職歴等が、第 2（80年）の例として、信仰、思想等が、第 3（110年超）の例として、刑法等の犯罪歴（禁錮以上の刑）等が、それぞれ示されている。

に応じて審査基準は示されているところ、⑴のような**利用制限の緩和を縮小する方向での基準は見当たらず、30年原則は、そのまま踏まえられる**べきことになる。とはいえ、「時の経過」概念がそれぞれの利用制限事由に影響を及ぼす態様や効果は多様であろう。

＊野口貴公美「「時の経過」と利用決定―公文書管理法16条2項―」一橋法学第18巻2号（2019年）394頁以下。

　　このことについて、野口＊は、時の経過による被影響事項として次の事項を挙げており、実務においても参考となると思われる。

「時の経過」による被影響事項

・情報公開法第5条1号ロ（公益上の義務的開示情報）の準用
　　生命、健康、生活、財産を保護するために「公にすることが必要である」かの判断）
・情報公開法第5条2号（法人等情報）の準用
　　「法人の消滅」
　同号但書　生命、健康、生活、財産を保護するために「公にすることが必要である」かの判断
　同号イ「競争上の地位」、同号ロ「当時の状況に照らして」
・情報公開法第5条6号（事務事業情報）の準用
　　時の経過のなかですでに終了している、または中止されている
・公文書管理法16条1項ハ（国家安全情報）
　　経済情勢の変化、国際情勢の変化
・公文書管理法16条1項ニ（公共の安全等情報）
　　一件の犯罪事案にまつわる場合（時の経過による「事案の終結」）
　　国全体としてのそれらにまつわる場合（時の経過の影響は相対的に低くなる）

3　自治体における「時の経過」概念と課題

　　自治体においては「時の経過」の概念の解釈適用について、独自に主体的に判断すべきであろう。その場合でも「30年原則」は踏まえるべきであると解されるが、その適用の方針について国とは異なる独自の運用可能性はある。例えば、30年原則をその趣旨に沿って厳密に適用するならば、作成時から30年以上経過した特定歴史公文書等については、原則的として利用制限しないという運用がありうる（そこまでのものではないが、同様の方向性を示す事例として、埼玉県立文書館の収蔵文書の利用に関する要綱別表においては、公領域情報に係るその例外として50年、80年に該当する区分を50年以下、80年以下とし、110年以上とする区分を設けず、最長区分を80

年以上としている)。

　なお、国についても自治体についても共通する課題として、次の点にも留意する必要があろう。

　まず、2(2)に引用したような「時の経過」による被影響事項の可視化は、その概念の実質化のために有用であると考えられ、これを骨格とするなどして基準を明確化しておくべき必要性は高い。

　次に、特定歴史公文書等に移管された場合には、「時の経過」概念の適用により、現用文書時においては開示されなかったものであっても、利用できる可能性が開かれる。このことは、現用文書に関する、ややもすると硬直化した非開示の判断についても、柔軟な発想をもたらす可能性がある。公文書管理法制の目的に鑑みれば、意思形成過程における開示こそが必要性が高いといえる＊ところ、「柔軟な発想」は強く意識されるべきものと思料する。

（和泉田保一）

＊宇賀『情報公開・オープンデータ・公文書管理』(有斐閣、2019年) 353頁 は、「意思形成過程の情報が開示されてこそ、国民は、意思形成過程を監視し、その過程に参加することが可能になる」と指摘する。

第15章　利用請求実務②──個人情報の取扱い

利用請求があった非現用文書に個人情報が記録された場合に、どの程度「時の経過」に応じて対応してよいかについて概説する。個人情報は生存する者に関する情報を指すが、ここでは死者に関する情報も取り上げる。

1　利用請求における個人情報の取扱い

　個人情報の概念は、特定の個人を識別できるか否か（個人識別性）により決せられるのが基本である。また、個人情報が保護される理由には、当該本人のプライバシー権や自己情報コントロール権の保障の必要性が一般的に指摘されるが、そのこと自体、組織共用性を軸とする現用・非現用の区別とは無関係である。

①**本人**：除外事由（本人の生命、健康、生活又は財産を害するおそれがある情報等）が含まれない限り、原則利用を可とする。
　⇒　個人情報保護制度と考え方は基本的に同じ
②**本人以外の第三者**：原則利用を不可とする。
　⇒　情報公開制度と考え方は基本的に同じ

　また、文書に個人情報が記載されていれば、開示請求がなされた場合、①本人であれば第三者に不利益が生じない場合は請求が認められ、②本人以外であれば請求は認められないことも、現用・非現用いずれにあっても基本的な違いはない（詳細については→2、3）。非現用文書（歴史公文書）が現用文書と異なるのは、情報公開と個人情報保護が各制度に分かれた構造であるのに対し、公文書管理制度の中で一元化されている点である（構造の違いとして詳細は 序章① ）。なお、このような構造は、公文書管理条例を置く自治体も同様である。

2　第三者からの利用請求

(1)　個人情報と「時の経過」の関係
　非現用文書に対する利用請求に当たり、それが当該文書に係る本人以外の第三者からの請求であれば、現用文書に関する情報公開制度と同様に利

用が拒否されることが考えられる（本人からの請求については→ 3）。ただし、非現用文書の存在意義（＝歴史的に価値のある文書）に照らし、「時の経過」を考慮して利用の可否が判断される場合があるが（例えば、公文書管理法16 条 2 項）、個人情報に求められる「時の経過」の考慮要素は、条文上明記されていないため（「時の経過」に関する詳細は 第 14 章 ）、運用上、作成・取得から経過年限によって利用の可否を決するのが一般的となる（詳細は→(2)）。

(2) 経過年限による制限と審査基準①——国の場合

文書作成・取得後に一定の期限が経過していれば、利用可能とするか否かについて、公文書管理法上は特段規定がないが、かねてより「30 年原則」が一般的である（例、独立行政法人国立公文書館利用等規則 12 条 3 項）。このことは自治体においても変わらないと考えてよい。

しかし、個人情報の場合、生存者の存命中には保護されるべき利益があると考えれば、当該本人の生存の有無が経過年限に反映されるべきと考えられることになる。同様に、当該本人の親族・相続人等血縁関係などがある者に係る不利益を考慮する場合には、経過年限のみによって一義的に決まりえない。したがって、「時の経過」を考慮するうえで、30 年を経過したとしても一定の個人情報が記録された特定歴史公文書等の場合には利用制限を認めることもありうる。この趣旨を反映したのが「独立行政法人国立公文書館における公文書管理法に基づく利用請求に対する処分に係る審査基準」（平成 23 年館長決定、令和 4 年最終改正）にある別添参考部分である。

具体例として、「重要な個人に関する情報であって、一定の期間は、当該情報を公にすることにより、当該個人またはその遺族の権利利益を害するおそれがあると認められるもの」として、「重篤な遺伝性の疾病、精神の障害その他の健康状態」の場合は「110 年を超える適切な年」とされているが、「疾病の程度、医療の状況及び疾病に対する社会の受け止め方等を考慮し、『一定の期間』は 140 年を目途とする」とも定められている。

(3) 経過年限による制限と審査基準②——自治体の場合

自治体においても、原則 30 年としつつも、経過年限による制限を長期化させる場合が見られる。ただし、国立公文書館において策定された審査基準とは異なり、地域固有の事情を反映することが考えられる。例えば、当該地域における差別が残る可能性を考慮し、門地、戸籍等に係る個人情

報について 30 年を超える経過年数を設定することが求められる。

＊滋賀県公
文書館ウェ
ブサイト
（https://
archives.
pref.shiga.
l g . j p /
images/
documents/
sinsakijun.
pdf）参照。

　具体例として、「滋賀県立公文書館における滋賀県公文書等の管理に関
する条例に基づく利用請求に対する処分に係る審査基準＊」では、「110 年
を超える適切な年」として「被差別部落に関するもの」を含めたうえで、「当
分の間、140 年を超えてもその年数を限らない」といった記述がみられる。
このように、**自治体独自の利用制限事由を設けるうえで、経過年限に係る
制限を類型的に明記すること**は、「時の経過」に係る判断基準に客観性を
持たせるうえで重要である。

3　本人からの利用請求

⑴　制度の概要

　第三者からの利用請求とは異なり、本人からの請求であれば、その本人
のプライバシー保護を必要とする理由はないため、基本的には利用が認め
られる。このことは、「時の経過」の有無にかかわることではない。公文
書管理法では、第三者からの利用請求であれば認められない「個人情報」
が含まれた文書にあっても、これを原則認める明文の規定が置かれている
（17 条）。

> **公文書管理法第 17 条**
> 国立公文書館等の長は、前条第 1 項第 1 号イ及び第 2 号イの規定にかかわらず、
> これらの規定に掲げる情報により識別される特定の個人（以下この条におい
> て「本人」という。）から、当該情報が記録されている特定歴史公文書等に
> ついて利用請求があった場合において、政令で定めるところにより本人であ
> ることを示す書類の提示又は提出があったときは、本人の生命、健康、生活
> 又は財産を害するおそれがある情報が記録されている場合を除き、当該特定
> 歴史公文書等につきこれらの規定に掲げる情報が記録されている部分につい
> ても、利用させなければならない。

　以上について、本人からの利用請求に対し、開示の対象を限定しないこ
とが基本である点において個人情報保護制度と類似するが、訂正・利用停
止制度が設けられていない（第三者を含む文書である場合の利用請求につい
ては→⑶）という相違がある。

⑵　本人確認資料

　本人からの利用請求にあたり、果たして本人であるかを確認する作業が

実務上重要となる。公文書管理法施行令では、利用請求者が本人であることを示す書類として、運転免許証、健康保険の被保険者証、マイナンバーカード（個人番号カード）、特別永住者証明書等を列挙し（20条1項1号）、「国立公文書館等の長が適当と認める書類」（同項2号）＊も可とされている。

　自治体の場合、どの程度まで本人確認資料の提出を求めるかという点はあるが、少なくとも請求権として法的な権利であることが認められる場合には、**確認書類の種類を列挙しつつ、柔軟性を持たせた対応も可能にするなど、国レベルと同様の明文規定を置くことが必要**となろう。

⑶　除外事由

　公文書管理法では、本人からの利用請求については、本人であっても認めない事由として、「本人の生命、健康、生活又は財産を害するおそれがある情報が記録されている場合」に限定されている（17条）。これは、あくまで本人情報の扱いに関する規定であり、仮に当該文書に第三者に関する情報が含まれている場合は、利用制限事由の該当性（16条）が別途判断されることになる。例えば、自治体における現用文書に係る開示請求事例では、本人に関する治療診断記録等の請求事例が目立つ状況にあるが、本人以外の第三者（主治医等）の個人情報は通常、保護されるべき個人情報であり、利用制限事由に該当する。

　なお、利用制限事由となる項目に関する条文の規定の仕方が各自治体によって異なる可能性がある。神奈川県公文書館条例施行規則4条8号では、「自己に関する情報のうち、個人の指導、診断、評価、選考等に関する情報であって、閲覧に供することにより、当該指導、診断、評価、選考等に著しい支障が生ずるおそれがあると認められるもの」といったように、公文書管理法の規定とは別の要素が規定されている。利用請求がある場合、個々の自治体においてどのような利用制限事由が定められているかを見ておく必要がある例である。

（友岡史仁）

＊外国旅券、戸籍謄本、介護保険被保険者証、母子健康手帳、身体障害者手帳、療育手帳等が具体的に挙げられている（特歴ガイドライン13条《理由事項》）とされている。

第16章　利用請求実務③──利用の方法

利用請求者のニーズに合わせた具体的な利用方法に際し、窓口、実施機関等が担う職務、その他、具体的な実務上の課題について述べる。情報公開条例の扱いとの相違も念頭に置く。

1　はじめに──利用の方法について概説

　公文書管理法16条1項柱書は、特定歴史公文書等について利用の請求があった場合には、原則としてこれを利用させなければならない、としている。利用とは、現用文書についての開示に該当する。

　この利用の方法について、19条は下記の通り規定している。

> **公文書管理法第19条**
> 国立公文書館等の長が特定歴史公文書等を利用させる場合には、文書又は図画については閲覧又は写しの交付の方法により、電磁的記録についてはその種別、情報化の進展状況等を勘案して政令で定める方法により行う。ただし、閲覧の方法により特定歴史公文書等を利用させる場合にあっては、当該特定歴史公文書等の保存に支障を生ずるおそれがあると認めるときその他正当な理由があるときに限り、その写しを閲覧させる方法により、これを利用させることができる。

　この利用の「方法」について、現用文書の開示の実施（行政機関情報公開法14条）の規定と相違するところはない。しかしながら、特定歴史公文書等については、事実上の問題として、長期保存を経ることによって劣化等が進行していると考えられ、その保存について特段の配慮が求められることは当然であるといえよう。この問題については、文書が紙媒体であっても電磁的記録であっても同様である。

　これに加え、電磁的記録については、その利用方法について、原本の改ざん可能性の問題など、特に配慮しなければならない点がある（→2⑵）。

　また、15条4項は、「国立公文書館等の長は、……**適切な利用に資するために必要な事項を記載した目録**を作成し、公表しなければならない。」としており、目録作成の目的について、行政文書ファイルに関する情報公

開法7条の規定（「管理を適切に行うため」）と若干の相違が見られる。

　以下においては、これらの、保存に配慮した利用について問題（→2⑴）、電磁的記録の利用についての固有の問題（→2⑵）、そして、適切な利用に資する目録に関わる論点（→2⑶）について、自治体においての、本法の趣旨に沿った利用についても意識しつつ、見てゆくこととする。

2　利用に関する論点

⑴　保存に配慮した利用

　19条は、まず、特定歴史公文書等の**原本の利用を原則**とし、ただし、当該特定歴史公文書等の保存に支障を生ずるおそれがあると認める等に限り、**例外的にその写しの閲覧による利用という方法を取ることができる**としていることになる。ただし書が定める利用方法について、「特定歴史公文書等の原本の閲覧利用ではなく、その写し（複製物）の閲覧利用である。これは、文書そのものの利用ではなく、文書に記載されている情報（が写されたもの）の利用である」という指摘がある*。

　また、同条について、宇賀**は、「利用の方法の申し出の規定が置かれていないことから、開示の実施方法について、選択権を利用請求者に付与しているわけではない。これは、特定歴史公文書等の破損、汚損の防止という観点から、利用させる方法について、…長に裁量を付与する趣旨と解される。」とするが、特歴ガイドライン第C章第1節C-8（利用の方法）⑶により、「運用上、利用者の希望に沿った利用方法を可能にしている。」と指摘する。

　特定歴史公文書等についての特段の配慮の一つとして、紙媒体たる特定歴史公文書等の利用について、その保存の観点からマイクロフィルム化を進めつつ、利用請求に対して、マイクロフィルムを閲覧させ、あるいはその複写を交付するという実務上の対応が考えられる。早川***によれば、このような対応は、一般に行われているところ、19条の**原本の利用の原則**からすれば、厳密にいえば、認められないことになる。そのため、実務上、マイクロフィルムを原本のように読み替えるなどの取り扱いが必要となろう****。

　また、閲覧にあたり、利用請求者がデジタルカメラ等により特定歴史公文書等の撮影を行うことが許されるかという問題があるが、宇賀によれば、

＊早川和宏「公文書管理法制の現状と課題Ⅱ～歴史公文書等の保存、利用を中心に～」大宮ローレビュー11号（2015）111-131頁（119頁）。

＊＊宇賀・逐条公文書管理180頁。

＊＊＊早川・前掲論文（2015年）121頁。

＊＊＊＊早川・前掲論文（2015年）121頁。

現用文書について「行政機関の保有する情報の公開に関する法律及び独立行政法人等の保有する情報の公開に関する法律法の趣旨の徹底等について」（2005年4月28日総管管第13号）において、「情報公開法上の問題があるとはいえない」などとして、利用者による撮影を原則として容認することとしていることが参考になると考えられ、デジタルカメラでの撮影はメリットが大きく、コピー機で複写する場合、押しつけによる資料の破損があり得ることとも懸念されるなどの理由から、これを望ましいものとする＊。

自治体においては、そのような実務に整合した規範を条例等に規定できる可能性がある（例えば、「情報」を利用させる、あるいは、複写を原本として取り扱いうるように規定することになろうか）。そうであれば、**日常から、紙媒体についてのマイクロフィルム化あるいは電磁的記録化を進め、その際、利用制限情報については同時にマスキング等を施す（15条2項、3項も参照）**ことで、閲覧にあたっての窓口の省力化が図れるであろうし、更に、それらのオンラインによる公開など、住民に対する利便性向上の可能性がある。

（2）　電磁的記録と利用

19条の、電磁的記録についての利用の方法「はその種別、情報化の進展状況等を勘案して政令で定める方法により行う。」とする規定を受けて、同法施行令24条は、電磁的記録の利用方法を、①電磁的記録を専用機器により再生又は映写したものの閲覧、視聴又は聴取、②電磁的記録を用紙に出力したものの閲覧又は交付、③電磁的記録を電磁的記録媒体に複写したものの交付、という3種類の方法のうち、国立公文書館等の長が利用等規則で定める方法によることとしている。

電磁的記録のうち、電子公文書等に該当するものについては、(1)の通り、同法が電磁的記録についても**原本の閲覧による利用を原則**とするものであると解すると、そのフォーマットによっては閲覧時において原本の改ざんのおそれがある場合がある。そのような場合には、原本の複写を利用させる必要があろうが、厳密にいえば、認められないことになる。電子公文書等について、利用による劣化はおよそあり得ないため、19条ただし書の保存上の支障があるとは考えがたい。この点について、(1)のマイクロフィルムの閲覧の問題についてもあわせて、早川＊＊は、公文書管理法の目的が、

＊宇賀・逐条公文書管理181頁。

＊＊早川・前掲論文（2015年）121頁。

文書そのものではなく、文書に記載された内容を国民の用に供することであれば、「原本としての特定歴史公文書等を汚損・破損・劣化させ、その保存性を低める可能性の高い「原本利用」は、「文書そのもの」を利用する必要がある者や、原本の記載内容と写しの記載内容の同一性確認が必要な場合に制限することは正当化できよう。」とする。

　また、早川*は、電磁的記録について、**記録媒体の寿命の問題、記録形式の可読性の問題**があり、将来にわたって利用を確保するためには、特有の配慮が必要であることを指摘する。

　自治体においては、電磁的記録の利用方法について、法の趣旨に沿いつつ、これら原本改変可能性への対策の必要も勘案しつつ、(1)と同様に整合的なルールを規定するべきであろう。また、記録媒体・形式の問題についての指摘は、自治体における制度設計、構築にあたっても参考となろう。

　事例として、「利用」実務とは直接は関係ないものの、鳥取県公文書等の管理に関する条例8条1項は、電子情報システムの利用を推進する努力義務を実施機関に課し、また、電磁的記録滅失または毀損に備え、当該簿冊を適切な記録媒体に複製し、複数保存する努力義務も規定している（同条2項）**。

　(3)　適切な利用に資するための目録

　15条4項において、適切な利用に資するために公文書館等に保存されている特定歴史公文書の**目録**の作成し公表すべきことが義務づけられている。

　このことについて、法定された利用請求権との関係から、目録の記載が不十分であったりすることにより申請が出しにくいという問題がある場合は、「法律上の申請権（の行使）」にまつわる問題である、と指摘されるところである***。また、目録について、公文書管理委員会はその報告書****において、「利用者と資料をつなぐ重要なツールであり、結果として窓口等の負担を軽減するものであることを意識する必要がある」としており、その整備に課題がないわけではないことを窺わせる記述がみられる。

　自治体においても、目録について、上記の意義を踏まえた整備、活用が求められるであろう。

（和泉田保一）

*早川・前掲論文（2015年）118頁。

**宇賀・逐条公文書管理335頁。

***野口貴公美「公文書管理制度の「行政法的な見方」について」法学新報123巻11=12号（2017年）389-406頁（394頁）。

****公文書管理委員会『公文書管理法施行5年後見直しに関する検討報告書』（2016年）9-10頁。また、参照、野口・前掲論文（2017年）394頁。

111

第 17 章　利用請求実務④──審査請求への対応

> 非現用文書の利用請求制度をめぐり、審査請求の提起が認められる場合の実務上の留意点とその課題について取り上げる。

1　利用請求制度と審査請求

⑴　自治体の制度（概要）

　現用文書の場合、全自治体が標準装備としている情報公開制度（又は国の制度と一元化された個人情報保護制度下でも同様）では、行政不服審査法上、非開示決定の取消しを求める審査請求が認められる。これに対し、非現用文書の全部又は一部について利用が拒否された場合、公文書管理法上は、現用文書と同様に審査請求が認められるが（→2参照）、自治体においても同様とは言えない場合がある点に、注意を要する。

　すなわち、非現用文書（歴史公文書）の利用請求に対する当局の判断が行政処分であれば審査請求の提起が可能となるが、そのためには、**法的根拠に基づいている必要がある**。しかし、自治体によって公文書管理条例が制定されていないなど、当局の判断に法的根拠がない場合には審査請求ができないと考えられる。この点は各自治体の制度設計の違いということになるが、現用文書の非開示決定は認められるのに対し、非現用文書の場合は認められないというギャップが生まれることになる。この事態は、シームレスな管理が求められる文書管理制度の趣旨にも悖（もと）ると考えられる。

⑵　根拠づけが明確な場合

　国の場合、審査請求権は公文書管理法によって明文化されており（21条1項）、同様の自治体もある（例、山形県公文書管理条例24条1項）。このような規定方法であれば、審査請求の可否が問題となることはない。なお、審査請求が認められる場合に関する詳細については、別途詳述する（→2）。

> **公文書管理法第 21 条第 1 項**
> 利用請求に対する処分又は利用請求に係る不作為について不服がある者は、国立公文書館等の長に対し、審査請求をすることができる。
>
> **山形県公文書管理条例第 24 条第 1 項**
> 利用請求に対する処分又は利用請求に係る不作為について不服があるものは、知事に対し、審査請求をすることができる。

(3)　明文規定によらない場合

　上に述べたように、利用請求制度が自治体によって条例化されていなければ、その自治体では、不服がある場合であっても審査請求は認められないことを意味する。この点、条例の規定は見当たるとしても、審査請求が可能か否かが直接明確とは言えないケースがある。これは、公文書管理条例が未制定であって、公文書館の設置に関する条例（いわゆる組織法）において利用制度を規定する場合である（条例における規定の仕方については 第 2 章 ）。

　例えば、川崎市公文書館条例 6 条 2 項は、承認申請（利用請求に当たる）に対し、不承認（承認しないこと）を可能とする規定である。条例上は、このことに対する審査請求の可否が明らかとは言えないものの、同条例施行規則にある「歴史的公文書等利用制限通知書」の形式を定めた第 2 号様式注にある教示内容において、市長に対する審査請求が可能である旨明示されているため、審査請求は可能であることがわかる。

> **川崎市公文書館条例第 6 条第 1 項**
> 歴史的公文書等（規則で定めるものを除く。）を利用しようとする者は、市長の承認を受けなければならない。
>
> **同条第 2 項**
> 市長は、前項の承認の申請があった場合において、当該申請に係る歴史的公文書等に個人に関する情報その他の規則で定める情報が記録されているときは、前項の承認をしない。ただし、当該歴史的公文書等が当該情報の内容、性質等に応じて規則で定める期間を経過した場合その他規則で定める場合は、この限りでない。

　同様のケースとして、神奈川県立公文書館条例 5 条 1 項においても、資料の閲覧制限を可能とするものの、条例上、閲覧を制限された者が審査請求を提起できるとする明文規定は見られないが、公文書館長によって閲覧

制限の決定に対する審査請求を認めるとする運用がとられているようである*。

> **神奈川県立公文書館条例第5条第1項**
> 知事は、公文書館に保存されている公文書等（以下「公文書館資料」という。）のうち、個人に関する情報その他の規則で定める情報（以下「個人に関する情報等」という。）が記録されている公文書館資料について閲覧を制限することができる。

⑷　実務上の課題

　以上に掲げた自治体のケースは、いずれも利用制限（閲覧制限）について明文の根拠規定があるものであって、審査請求の可否が条例上明文で規定されていなくとも可能であると導ける場合に相当するが、各自治体においては、制度を異にする実態がある以上、**自らどのような法規を備え、非現用文書（特定歴史公文書）の請求を認めない事例が生じた場合に、どのような手続がとられるかについて事前に知っておく必要がある。**

　その一方、そもそも非現用文書の利用に係る規定が条例化されていない自治体の場合、請求権を根拠付けられない以上、利用制限を受けた請求人にとって審査請求を提起できず（取消訴訟等も含める）、現用文書と同様の権利救済は受けられないことを意味する。実務上、非現用文書の利用（閲覧）に供することは重要である一方、情報公開制度の延長線に公文書管理制度があることを踏まえれば、**利用制限後に関する諸手続も意識した制度が必要とされていることも、認識すべきであろう。**

2　審査請求手続の留意点

⑴　概　　要

　非現用文書（歴史公文書）の利用請求の全部又は一部が拒否された場合であって、審査請求が可能とされる場合、求められる審理手続は、現用文書に係る非開示決定に対するそれと同様である（第9章）。なお、公文書管理法では審査請求の相手方が「国立公文書館等の長」とされているが、自治体では例えば知事が相手方となるといったように、現用文書と同様のケースとされるのが一般的である。

⑵ 請求人と請求文書の関係

現用文書でもそうだが、請求人が当該記録に係る本人とは別の第三者であるかどうかによって、審査請求を受ける側として開示・非開示の範囲など対応に違いがあることも考えられる。ただし、現用文書は情報公開と個人情報保護とで制度上の違いがあるのに対し、非現用文書（歴史公文書）であれば公文書管理条例といった一本化された規定が根拠となる（個人情報の扱いについては 第 15 章 ）。

⑶ 審 理 手 続

審査請求に係る審理手続は、現用文書に係る審査請求と同様である。このため、請求人側からは反論書、処分庁側からは弁明書といった書面上のやり取りを通じて審理されることを原則とする。

これに対し、口頭意見陳述の機会付与という問題もあり得る。行政不服審査法では審理員審査が行われることが想定されるが（31条）、条例によって公文書管理委員会への諮問を義務付ける仕組みがあれば、当該委員会での審理手続によるところとなる（例、山形県公文書管理条例24条3項）。

3 諮問機関（公文書等管理委員会）

審査請求が提起された場合、一般的には有識者を含む第三者から構成される諮問機関において審理されることもある。公文書管理条例が利用請求制度の根拠規定として設けられる場合、公文書等管理委員会が諮問機関として設けられているのが一般的である。同委員会は、非現用文書（歴史公文書）の管理に係る具体的な制度についても討議する機関であるが、審査請求に係る諮問事項を審理する場として、**現用文書における審査会と同様に位置づけられる機関**でもある（法的位置づけの詳細は 第 18 章 ）。

非現用文書について、審査会に係属する審査請求事例は、作成から長期間が経過しており非公開を回避しやすいという意味でも、現用文書に比べれば、公文書等管理委員会に係属する事例数は必ずしも多くないのが一般的である。そうであっても審査請求が提起されるという場合、請求に対し考慮すべき「時の経過」を適切に判断する能力が客観的に求められるため、政治史・歴史研究等の専門家を構成員に加えることも考えられてしかるべきである。

なお、公文書等管理委員会が設置されていない自治体では、行政不服審

査会がこれを受けることが考えられるが、公文書等管理委員会は歴史的経緯をふまえた幅広い観点から考察を要する事例を管轄するため、既存の行政不服審査会委員に「時の経過」に関する専門的な判断能力が期待できないことも考えられ、課題となる。

4　その他の留意すべき点

自治体によっては、審査請求に応ずるのが現用文書と同様、知事や自治体の長といったように、移管先の公文書館の長ではないことが考えられる。この場合、請求を受けた機関と移管先との間での適切な意思疎通が求められよう。

（友岡史仁）

第18章　公文書等管理委員会の機能と役割

第三者機関である公文書等管理委員会が公文書管理制度に対してどのように機能しているのかを概観し、その具体的な役割について述べる。また、情報公開・個人情報保護制度とは異なる委員会の性格を踏まえ、それらとの異同についても言及する。

1　公文書等管理委員会設置の必要

　公文書管理法 28 条は、内閣府に、公文書管理委員会を置く、と規定している。同委員会の権限事項として、大きくは、次の 2 種類に分けられる。すなわち、第 1 に、特定歴史公文書等についての利用請求に対する処分または利用請求に係る不作為について審査請求がなされた場合における諮問機関として調査審議を行うこと（21 条 4 項）、第 2 に、法 29 条各号に規定される諸事項（具体的内容について→ 3）について諮問機関として調査審議を行うことである。

　第 1 の審査請求にかかる諮問機関としての点について、自治体においても、公文書管理条例等の制定により利用請求権を創設する場合、利用申請に対する処分は、行政不服審査法による審査請求の対象となるため、審査庁が裁決するに当たって、原則的に第三者機関に諮問することが必要となる（行政不服審査法 43 条）（→ 2）。

　第 2 の点については、公文書管理委員会を設置して当たる理由として、公文書管理や歴史公文書等に関する学識経験者等の知見を規則等制定や移管や廃棄の際の判断等に反映させるべきことが、その必要性として挙げられる（ 第1章 2 (3)、→ 3）。

　公文書管理法においては、これら双方の権限を有する第三者機関として、公文書管理委員会が設置された。自治体においては、当該第三者機関のあり方について様々な規定の仕方がありうる。本章では、公文書管理委員会の権限をこのように大きく 2 分した上で、それらの内容について、自治体における各条例の規定をも参照しつつ、それらに関する論点、課題について若干の検討を行う。

2　公文書等管理委員会の機能と役割──審査請求に対する諮問

⑴　公文書管理法の規定

公文書管理法第 21 条第 4 項
利用請求に対する処分又は利用請求に係る不作為に係る審査請求があったと
きは、国立公文書館等の長は、次の各号のいずれかに該当する場合を除き、
公文書管理委員会に諮問しなければならない。

　行政不服審査法 43 条 1 項は、審査庁が審査請求に対して裁決をする場
合には、原則として、第三者機関に対して諮問しなければならない、とす
る。情報開示請求に対する処分等については情報公開・個人情報保護審査
会に諮問することとされており（情報公開法 19 条）、特定歴史公文書等の
利用請求に係る審査請求についても、利用制限事由が一定程度類似し、判
断事項に共通する点の多い情報公開・個人情報保護審査会に諮問するとい
う方法も考えられる。しかし、公文書管理法は独自の公文書管理委員会を
設置し（28 条）、同委員会に諮問する（21 条 4 項）ことと規定した。

　審査請求に関する審議内容の、現用文書に対する開示請求の場合との異
同は次の通りである。16 条は、行政機関情報公開法第 5 条 1 項各号の非
開示事由を概ね準用する形式で、利用制限事由を規定しており（公文書管
理法は、準用に当たって、行政機関情報公開法 5 条 1 項 5 号情報（いわゆる、
「審議、検討情報」）、6 号ロ〜ニに該当するものは除かれている（また、3、
4 号情報に当たるものについては、準用ではなく独自の規定が置かれているもの
の、これは判断主体を国立公文書館等の長とするものであり、内容は共通する）、
当該事由該当性にかかる決定庁の判断の当否について審査する点は情報公
開・個人情報保護委員会と共通する。その一方で、これら事由の存否につ
いて、第 1 に「時の経過」を勘案するべきとされ、第 2 に、移管元の行政
機関の長等のから意見が付されている場合には、その意見をも勘案しなけ
ればならないとされ、これらが独自のものである。そうすると、**審査庁に
は、これら「時の経過」に関する判断、及び、執行機関の長等の附記意見
について更にその適否についても判断することが求められる**。そうであれ
ば、諮問機関にもこれら判断要素・概念について特有の知見等が求められ
るものといえる。

⑵　どのように規定するか──自治体の場合

　自治体において、審議機関たる附属機関を設置するためには、条例制定が必要である（地方自治法138条の4第3項、第1章）。

　自治体についても、公文書管理条例において公文書管理委員会を設置し、諮問機関とする例が多い。他方、既存の情報公開に係る審査会、審議会の権限を拡大したうえで、当該委員会を、特定歴史公文書等公文書等に対する利用制限決定等に係る審査請求についての諮問機関としている例として、島根県（情報公開審査会）、鳥取県（情報公開審議会）などがある。また、利用制限決定等に係る審査請求の審査事務についてのみ情報公開条例と同じ審議会等を活用し、その他の事項（→3）について独自の審議会によることとしている例として茅ヶ崎市などがある（審査請求について、茅ヶ崎市公文書等管理条例23条、その他の事項について8条3項、27条2項）。

3　公文書等管理委員会の機能と役割──法29条各号の権限について

⑴　公文書管理法の規定

公文書管理法29条（委員会への諮問）の概要

1号　政令の制定・改廃の立案をしようとするとき
　諮問の対象となる事項として、同号に列挙してある（例えば、行政機関の定義に関すること（第2条第1項4号、5号）などである）。

2号　行政文書管理規則、利用等規則の制定、変更について内閣総理大臣が同意しようとするとき
　特定歴史公文書等の廃棄について内閣総理大臣が同意しようとするとき

3号　第31条の規定に基づき内閣総理大臣が勧告しようとするとき

公文書管理法第31条
内閣総理大臣は、この法律を実施するため特に必要があると認める場合には、行政機関の長に対し、公文書等の管理について改善すべき旨の勧告をし、当該勧告の結果とられた措置について報告を求めることができる。

　公文書管理法は、2の審査請求への諮問関係の他に、委員会の権限として、上掲の場合における諮問について調査審議することとしている。このように、同法における第三者機関は「情報公開・個人情報保護審査会と兼ねられないような多様な機能を有する」＊ことから、独自の委員会を設置する

＊宇賀・逐条公文書管理233頁。

ことが適切と判断されたものと考えられる。

⑵　どのように規定するか──自治体の場合

　これらの事項について、外部有識者から成る第三者機関に諮問し、その知見等を活かすことが望ましい点は、国家であっても自治体であっても変わるところはないが、まず、自治体において設置するこのような公文書管理委員会等（以下、「委員会」という）について検討する場合においては、国家と自治体における行政組織の独立性に関しての相違を勘案する必要がある。すなわち、自治体には執行機関の多元主義が妥当するため、2号のように、他の執行機関が規則や規程を定めるに当たって、あるいは特定歴史公文書等の廃棄にあたって首長に同意権を設定することは認められないであろう＊。この問題については、**首長の同意プロセスをなくし、他の執行機関が、直接、委員会に諮問するという手法**が考えられる。また、後段の特定歴史公文書等について、その廃棄を含む管理等の権限を首長の権限とする自治体が多いようであるが、その場合は、**首長が実施機関の長として公文書管理委員会等に諮問することが可能**である。

　3号の権限については、公文書管理法35条において、内閣総理大臣に勧告権が付与されていることが前提となっている。自治体において長に他の実施機関に対して「勧告」ができるか否かについて、執行機関の多元主義に鑑みると、消極と解するべきであろう＊＊。そうであるならば、首長がその際に委員会に諮問をすることもありえない。このことに関連して、島根県情報公開条例22条1項3号は、委員会に建議権限を認めるものであるが、これは、首長ではなく、委員会に直接勧告権類似の権限を持たせる例とみることができる。

　関連することとして、公文書管理法では、保存期間が満了した行政文書の廃棄や特定歴史公文書等の廃棄に当たっては、内閣総理大臣への協議、同意を要するとしている（8条2項、25条）ところ、行政文書の移管・廃棄については公文書管理委員会への諮問事項とはなっていない。自治体においては、独立行政法人や首長部局に属さない行政機関の現用文書の移管あるいは廃棄に関して、長への協議・同意を要すると規定することは、やはり、執行機関の多元主義に抵触するであろう。しかしながら、現用文書の廃棄、移管に当たって、各対象機関が、直接、委員会に諮問をすると規定することは可能であろう。

＊宇賀・情報公開と公文書管理433頁。

＊＊消極に解するべきとするものとして、参照、宇賀・情報公開と公文書管理434頁。

　上掲の島根県においては、情報公開条例と同じ審査会にその権限として、特定歴史公文書等を廃棄しようとするときの諮問についても規定し（島根県情報公開条例 27 条）、更に、実施機関は公文書管理に関する重要な事項についても諮問することができるとされている（22 条 1 項 3 号）＊。

（和泉田保一）

＊宇賀・逐条公文書管理326頁は、同条項により、公文書管理に関する重要な規則案についても、同委員会に諮問することは妨げられない、とする。

第 4 部　公文書館等の在り方

第 19 章　公文書館が果たす具体的役割

> 2009 年（平成 21）に制定された「公文書管理法」により、公文書管理の原則とも言える、「ライフサイクルにわたる管理」がより一層重視されるようになり、我が国における公文書館の機能自体も変わりつつある。自治体等に設置された公文書館が果たすべき新たな役割について論じる。

1　市民との関係における公文書館の役割

⑴　民主主義のバロメータ

　1987 年（昭和 62）の「公文書館法」の制定以来、我が国の公文書館が果たしてきた役割について見てみると、いわゆる"親機関"から移管を受けた公文書等を歴史資料として保存し、一般の利用に供するというもので、いわゆる"歴史博物館"(history museums)との違いはさほど明確ではなかった。それを大きく変えたのが 2009 年（平成 21）の「公文書管理法」の制定である。

　同法によって、公文書館が所蔵する公文書等は「健全な民主主義の根幹を支える国民共有の知的資源」と位置付けられ、それに伴って公文書館は親機関がその諸活動を「将来の国民に説明する責務を全う」するための場所ともなった（1条）。単に"歴史研究の場"としてだけでなく、"民主的な社会を支える場"としての役割が付与されたと言えよう。

　この点については、欧米ではすでにその考えが浸透しており、「民主主義の盟主」を標榜する米国の国立公文書館長は「公文書館はアメリカが100 年後も民主的な社会でいられるかどうかの鍵を握っている。(中略)我々の衰退は、民主主義の衰退を意味する」とまで言い切っている*。

　民主的な社会がなぜ大切なのか。逆説的に言うと、民主主義の機能不全がどのような社会をもたらすのかは歴史が証明している。昭和の初め、日

*米国国立公文書館・記録管理庁第 8 代合衆国アーキビスト、ジョン・W・カーリンの言葉。

本の民主主義は軍国主義に敗れ、国家は戦争への道をつき進んでいった。ドイツやイタリアのファシズムでもしかりである。近年ではロシア連邦、朝鮮民主主義人民共和国など"民主主義"を標榜していながら、専制的な政治が行われている国もある。少し大げさな言い方かもしれないが、我が国が二度と戦争をしないための重要なカギを公文書館は握っている。

(2)　個人の権利利益を守る "最後の砦"

　歴史研究や民主的な社会づくりのために重要な役割を担っているものの、一般市民からはよく「公文書館は敷居が高い」と言われる。と言うのも、公文書館では図書館のようにテーマ別に資料が並んでいないし、資料は閉架式書架に納められていて自由に手に取れず、貸し出しも行われない。公文書館を使いこなすには、ある程度の予備知識と明確な目的意識が必要で、誰でも気軽に立ち寄って自由に時間を費やせる場所ではないからである。誤解を恐れずに言うと、多くの市民にとって公文書館は一生のうち一度も訪れることのない場所かもしれない。ならば、公文書館は社会にとって本当に必要と言えるのか？

　実は公文書館は、歴史研究や民主主義を支える場だけでなく、**個人の権利利益を守る "最後の砦"** になることがある。例えば、沖縄県の公文書館の利用者層は意外にも歴史研究とは無縁の一般市民の方が多い。そのうち最もよく利用されるのは、戦争で焼失した「地籍」を復元する目的で戦後すぐ実施された「土地所有権認定事業」に関する記録である。また、2007年（平成19）に国のずさんな記録管理により持ち主不明の年金記録が約5,095万件も発生した際、その記録復元のために米軍基地での労務管理記録である「軍雇用員カード」が頻繁に活用された事例がある。これらの資料を利用した人たちは弁護士や司法書士らに相談しても問題解決の糸口が見つからず、わらをもつかむ思いで公文書館を訪れた人たちであった。

　先に述べたように、確かに公文書館は多くの市民にとって一生のうちに一度も訪れない場所かもしれない。しかしながら、もしもの時に、「そこに記録が存在する」ということは、すべての市民にとって重要なことだろう。その意義を浸透させることも公文書館に求められる役割と言える。

2　原課との関係における公文書館の役割

⑴　レコードマネジャーとアーキビスト

公文書管理法によって公文書の「ライフサイクルにわたる管理」が重視されるようになった結果、ライフサイクルのフロントエンドにいる行政職員との関り方も変わりつつある。

国の場合、それまでは別々のルールで規定していた「現用文書」と「非現用文書」の管理が同一の法律の下で規定されるようになり、また移管の円滑化を図るため、歴史資料として重要な公文書の評価選別をできるだけ早期に行う仕組み（レコードスケジュールの手法）が採り入れられた。さらに、公文書館が各行政機関の現用文書の保存・利用に関する助言もできるようになったほか、内閣総理大臣の委任を受けて、行政機関に対する実地調査もできるようになった。これらは公文書館にとっても大きなメリットである。なぜなら、いくら「民主主義や個人の権利利益を守る！」と声高に唱えても、フロントエンドにおいてきちんと記録が作成され、ファイリングされ、適切に保管されなければ、公文書館は本来の役割を果たせないからである。

欧米では、原課に記録管理のプロである「レコードマネジャー」と呼ばれる専任職員がいるのが一般的だが、我が国の行政機関ではそのような専任職の配置は難しく、2～3年で異動する一般職員が「統括文書管理者」や「文書取扱主任」などという肩書をもちつつ、他の業務と兼務しながら担っているのが現状である*。

そこで新たな役割が期待されるのが、近年育ちつつある「アーキビスト」である。欧米のようなレコードマネジャーの配置が容易に望めない我が国においては、アーキビストという専門職のいる公文書館が原課の公文書管理にも積極的に関わっていくことが求められよう。

⑵　"記録をつくり、記録を守る"組織文化づくり

これまで見てきたように、公文書管理法の制定により、我が国の公文書館をめぐる状況は大きく変わりつつある。しかしながら、記録管理をめぐる不祥事が後を絶たないのもまた事実である**。これは、いくらルールを整備しても、現場の意識が変わらなければ公文書の適正管理はままならないことを物語っている。

＊2019年度（平成31）に各府省において行政文書の管理等の実質責任者として公文書監理官（各府省CRO）が配置されることとなったものの、肝心の各課の文書管理担当者は未だにさまざまな業務を兼務しているのが実情である。

＊＊2016年（平成28）から2019年（令和元）にかけて「自衛隊日報問題」「森友学園問題」「加計学園問題」「桜を見る会招待者名簿問題」など恣意的な改ざんや廃棄の実態が次々と明るみとなった。

　現在、国立公文書館では毎年定期的に原課の初任者に対して、公文書等の管理に関する法律やレコードスケジュール等に関する基本的な事項を講義する研修や実務担当者向けの専門的な研修を実施している。米国でも連邦政府では健全な公文書管理プログラムを運用できるよう、公文書館が数十種類の研修を対面またはオンラインで提供している。

　これらの研修を実施することにより、ライフサイクルのフロントエンドにおける職員の意識が高まって公文書管理制度全体の質の向上につながるだけでなく、公文書館へ移管されてくる公文書等の管理状態も良くなる。それがひいては市民への閲覧サービスの質の向上にもつながる。きちんと記録をつくり、しっかりと記録を守っていくという原課の職員の意識があってはじめて公文書館は歴史研究を支え、民主的な社会を作り、個人の権利利益を守るという役割を果たすことができるのである。

　文書の作成・収受から公文書館での利用提供までのライフサイクルにわたる文書管理体制の中で公文書館がいかにコミットしていくのか。これからの我が国の公文書館に望まれる大きな役割だと言えよう。

（仲本和彦）

第 20 章　自治体公文書館等の連携

> 公文書館等に期待される自治体間の連携、組織上の交流など、その役割や効
> 用等を概説する。また、福岡県の事例をもとに、公文書管理制度の向上に係
> るアプローチの内容やその具体的実践方法などもあわせて触れることとする。

1　公文書館等に期待される連携とは？

⑴　なぜ連携が必要なのか？

　公文書とは、行政機関が作成し組織的に共用される文書であって、将来
の国民・市民に対する説明責任を果たす役割のある文書であり（**序章①**）、
行政機関にとっては災害など歴史的事象の記録が、**解決策等を後進に示す
道標**ともなり得る。しかしながら、公文書館が存在しない自治体もあるた
め、**公文書館の共同利用や既存施設に公文書管理機能を持たせる等の連携
が必要**となる。

⑵　どのような連携が必要か？

　自治体をまたぐ災害に関する公文書が全く違った基準で作成・保存され
ていれば、それらは資料として不完全なものとなってしまう。そうならな
いためには、**自治体が連携しながら公文書管理の基準を定めて取り組む必
要がある**。公文書館法によれば、地方公共団体は公文書等の保存及び利用
に関し適切な措置を講ずる責務を有する（3 条）。また**公文書館には館長、
専門職員その他必要な職員を置くものとする**（4 条）と規定されているが、
同法の附則では「当分の間、地方公共団体が設置する公文書館には、第 4
条第 2 項の専門職員を置かないことができる」とされている（2 項）。しか
しながら、現在、多くの地方自治体は戦後急速に発達した公共インフラの
改修や災害対策といった課題を抱えている。加えて、地方財政の健全化を
目的として人件費が削られており人手不足の状況にある*ため、**公文書館
の設置や人員配置に係る予算確保は難しいのが現状**である。そのような状
況下、活路を見出したのが福岡県と県下 58 市町村が**共同で管理・運営す
る**という福岡共同公文書館の設立＊＊である。公文書管理基準に基づく専
門職員による選別、保存機能、利用業務、これら全てを完備した福岡共同

＊詳細は、
蜂谷勝弘
『地方公務
員は足りて
いるか―地
方自治体の
人手不足の
現状把握と
課題―』
（日本総研
https://
www.jri.
co.jp › file ›
report ›
jrireview ›
pdf）参照。
（2022年10
月19日閲覧）

＊＊詳細は、
福岡県共同
公文書館基
本構想検討
委員会『福
岡県共同公
文書館基本
構想』(2006
年12月26
日) 参照。

公文書館の設立によって、各自治体の公文書が同じ基準のもと体系的に保存され、施設の設置費や人件費、運営費などの**財政負担が軽減**され、交流人事による**職員の人材育成**も図られる。**自治体にとってメリットしかない施設**である。

2　福岡県における連携

　福岡共同公文書館は、福岡県立公文書館と福岡県市町村公文書館の総称であり、施設は福岡県と福岡県自治振興組合（以下、「組合」という）が応分の負担の下に建設、職員は県職員及び組合構成自治体から派遣された市町村職員で構成しており、それぞれの公文書館職員として併任辞令を受けて一体的に業務に従事している*。ここで重要なのは、**県が単独で公文書館の管理運営を行い、市町村が全面的に委託しているのではない**ということである。例えば、国策に基づく県の施策が市町村の事業になる場合、県職員は数ある施策を全市町村に通達した中の一つであるが、市町村職員にとっては主たる担当業務であり住民との直接のやりとりが発生する。同じ案件であっても職員の立場で重要度が変わることになりかねない。**県と市町村それぞれの主体と責任を明確**にしている。確かに各市町村において公文書管理条例は制定されておらず、規程の運用にとどまっているが、実態としては公文書館法の規定で十分に対応ができていると考えられる。このような連携が可能であれば、都道府県に条例が制定されていることで、実際の公文書館運営にあっては市町村で条例化を必須とするまではないという考え方が可能である。

3　福岡共同公文書館の具体的な運営方法と課題

> ①　**福岡県立公文書館**　福岡県立公文書館条例に基づき設置された施設。設置者は知事であり、知事が管理する歴史公文書（議会、公営企業の管理者、教育委員会等が知事に移管した公文書を含む）について保存し、利用に供する。
> ②　**福岡県市町村公文書館**　福岡県市町村公文書館条例に基づき設置された施設。設置者は管理者**であり、福岡県内の政令市を除く市町村から移管された歴史公文書について保存し、利用に供する。

＊詳細は、小原康弘『福岡共同公文書館の開館とその取組について〔アーカイブズ第49号〕』(国立公文書館、2013年) 1頁以下参照。

＊＊管理者とは、福岡県自治振興組合の管理者のこと。

⑴　設置及び運営について

　共同による公文書館の設置は、建設費・整備費・運営費などの経費面において非常に効率的である。また、県下市町村の公文書を一元的に保存することによって、**効果的な行政運営に資する知の宝庫となり得る**。例えば、災害は河川の氾濫や山林の土砂災害など自治体区分を問わず広範囲で発生するため、リスク管理の観点から自治体間を超えた一連の資料群による調査・研究ができ、他市町村の取組を参考にするなど将来にわたって利活用することが可能となる。また、**利用者にとっても非常に利便性の高い施設である**と言える。一般の利用者が市町村合併に関する関係市町村の動向や意思決定の経過などについて、関係市町村すべての公文書館や図書館を巡らずとも、福岡共同公文書館を訪れることによって、効率的に調査・研究することができる。

　一方で**運営における課題は正規職員の短期間による異動**にある。その弊害は施設設備の管理にも及ぶ。「異常ランプが点いたときは強制解除のボタンを押下する」という作業だけが引き継がれていた事例もあり、複雑な施設管理業務についての十分なマニュアルが整備されていなかった。令和2年度に、館長の指示を受けた職員がマニュアルを作成したことにより改善されている。また、基本的に2年で異動する市町村からの派遣職員は、1年目は前例踏襲で業務遂行し、2年目は次年度の引継ぎを視野に入れて整理しながら業務遂行することが多く、PDCAサイクルが機能しにくい組織構成となっている点は、派遣期間を3年にするなど改善の余地があると思われる。

⑵　他機関との連携の必要性

　県と政令市を除く県下市町村の連携は、共同公文書館の設置によって**可能な限り連携が図られている**といっても過言ではない。県立公文書館と市町村公文書館の連携はもとより、公文書の移管についても、市町村の行政事務は規模の大小はあるが概ね同じである。このため、派遣された職員がどこの市町村であっても事業内容に関する肌感覚は通じるものがあり、大半の公文書はその選別において移管元に事業内容を尋ねることなく重要度を判断することが可能である。

　さらに、政令市の福岡市総合図書館及び北九市立文書館、太宰府市公文書館、九州大学大学文書館との5館による**福岡県公文書館等連絡会が設置**

されており、組織構成や取扱文書の違いも含めた効用や課題解決策について意見交換や情報共有に努めている。事務局は輪番制で、事前に連絡会で議題としたい事項を各館に問合せて回答も集約しておく。当日は、各館の取組紹介や企画展示に関する具体的手法や利用審査に係る利用制限箇所の判断等、協議題についての意見交換をしたのち、現地視察などを行う。各館の強みを自館に活かすことができる機会であるが、組織や業務の違いから日程や協議題の調整が困難な一面もあるため、運営する側として継続性を担保することが課題となる。

⑶　国立公文書館との連携について

　職員の専門性の向上について、共同公文書館では行政職員が短期間で異動し、専門職は会計年度任用職員であるため、内部研修による専門的知識や技能の習得は困難である。よって、国立公文書館が開催するアーカイブズ研修等に参加し、職員個人のスキルアップはもとより他の公文書館等職員との関係性を構築することをねらいとしている。この研修での**国立公文書館職員や全国の公文書館等職員との出会いこそが受講者自身の財産となり連携の要となる**。公文書の保存・管理・利用・企画展など様々な課題について他館への問合せをする際に、担当者レベルでの参考として面識のある職員を介し担当者に聴取りができることは、実務の手段として非常に効率的である。

４　福岡共同公文書館における具体的な取組

⑴　各自治体からの移管促進に向けて

　共同公文書館には増設用地が設けられているが、移管が当初計画に比べて進まない現状がある。背景にあるのは自治体の公文書管理意識の希薄さにある（公文書館等の存在意義と機能 序章①）。

　共同公文書館では、市町村自治体の行政職員や市民への周知を図るために市町村を巡る出張展示を実施したり、自治体職員の公文書管理意識向上のために、県や市町村に出向いて研修を実施したりと**積極的にアウトリーチ活動を実施している**＊。小竹町における研修では「福岡共同公文書館は『小竹町公文書館』と言っても過言ではない」というフレーズを使って説明した＊＊。この表現は、**共同公文書館を基礎自治体が自ら設置したと積極的に意識する重要性を顕著に示すものである**。

＊詳細は、福岡共同公文書館『令和２年度福岡共同公文書館年報（第９号）』（福岡共同公文書館、2021年）14頁以下参照。

＊＊詳細は、福岡共同公文書館『福岡共同公文書館だより（vol.17）』（福岡共同公文書館、2021年）4頁参照。

　また、移管した特定歴史公文書を移管元自治体が必要な時に利用できないのではないかという声もあるが、そのような文書こそ現用文書扱いとなるのが当然である。移管元自治体から共同公文書館までの物理的距離がある場合であっても、利用手続をとることで即日閲覧や一定期間の借用も可能である*。例えば、暗い倉庫の片隅で水損被害を受けてカビが生えて使えない公文書を現用文書として保持し続けるのではなく、特定歴史公文書として共同公文書館での保管をすることが、議会や住民に対する説明責任を果たすことに繋がる。

　研修会の中で文書担当職員から、特定歴史公文書の利用請求があった場合に記載されている情報が全て提供されるのかという質問がある。この点に関しては、**公文書館条例に基づき公文書館職員が利用制限をかけて適正に対処する**と回答している。また、福岡県市町村公文書館条例では、利用請求に係る特定歴史公文書を利用させるにあたってはあらかじめ移管元自治体と協議をし、または意見を聴かなければならないが、利用させねばならないことが明らかである場合はこの限りでない（7条）と規定している。

(2)　福岡共同公文書館職員の専門性の向上に向けて

　職員配置において、専門的職員が会計年度任用職員制度による配置で良いのかという根本的な問題はあるが、研修の受講によって受講者個人の専門性の向上はもとより、研修資料や復命書の回覧で職員全体が基礎的知識を学習する機会を得ることができる。受講の際に、時間が経過してもなお講義内容が鮮明によみがえるように資料にポイント等を書き込み、他者が見ても重要箇所がわかるように工夫するなど、自分なりのテキストを作成するつもりで受講することが、**研修受講の費用対効果の検証**ともいえる。これは一般業務における研修についても同様である。

　組合構成自治体から職員が派遣されてくる状況は、専門職の育成という観点からは弱点に思えるが、**基幹自治体に帰属してからの職員の取組次第で大きな利点にもなり得る**＊＊。こうした**職員自身の積極的な姿勢も移管促進や連携の重要なポイント**である。地方公務員の異動は部署が変わる度に業務内容や根拠法令も異なり、経歴をリセットされるような感覚に陥ることもある。そのような中でも、**自分の経験や力量を最大限に活かすよう模索するか、新たな境地で自分の潜在能力を引き出そうとすることが大切**である。

＊福岡県市町村公文書館条例第29条「行政利用の特例」及び福岡県市町村公文書館条例施行規則第22条（移管元自治体による利用）

＊＊筆者は公文書館勤務後、上長の許可を得て所管が異なる学校アーカイブズに関する支援を行っている。また別の派遣職員は公文書管理制度に関する知見はもとより、県の事務処理等を参考に基幹自治体での業務改善を実施したなど公文書管理業務以外でもその経験を活かしている。

⑶　自治体職員の専門性の向上について

福岡共同公文書館では、毎年、福岡県新規採用職員研修において公文書管理全般についての講義を行っている。市町村自治体職員に対しても「公文書管理担当者職員研修」や「文書担当課長会議」を実施し、公文書管理の重要性についての研修や今後のデジタル化に向けての情報交換などを行っている。組合が実施する新規採用職員研修では県下58市町村の新規採用職員が来訪して公文書管理について学ぶ。また、国立公文書館職員やアーカイブズ研修で講師を務める先生方を招聘し、自館をはじめとする公文書館等職員及び市町村自治体職員を対象とする実技講習や講義を実施している。

このような取組により、公文書管理に関する自治体職員の意識も変わってくる。**取組の継続には、福岡県と組合（いわゆる親組織）の理解と、館長の公文書管理に関する理解や深い見識と職員の声に対する傾聴の姿勢、そして強いリーダーシップが必要**である。

5　各自治体における公文書管理の形

⑴　民間企業や既存施設との連携について

福岡県内には民間企業による公文書管理を選択している市町村や歴史資料館に公文書館機能を持たせている市町村もある。保管場所が民間企業か公的機関等であるかということは、文書管理の「方法」であり、大きな問題ではない。

大切なことは「なぜ公文書管理が必要か」ということを各自治体の長や行政職員が理解しているかであり、中間保存庫として業者委託後、特定歴史公文書として保存すべきか否かを正しく判断できる知識を持っているかどうかである。あるいは、歴史資料館等の職員が古文書と同様に公文書も歴史的価値ある資産であると理解しているかどうかという問題もある。いずれにしても、**行政に関わる者の公文書管理意識の醸成が必要**なのである。また、連携するにしても公文書を保存・管理・利用するには、**首長と住民の代表である議会が提案・承認する「財源」が必要不可欠**である。

⑵　公文書管理制度の充実に向けて取り組むべきこと

まずは行政職員の公文書管理意識の醸成である。自治体の現場は、人手不足による業務過多や財源縮小など様々な課題があるが、そのような状況

だからこそ、**公文書管理制度が「組織と行政職員の公平性を担保するための重要な証拠づくりのためにある」**ことを職員に認識させる必要がある。そのためには、公文書管理研修で法的根拠に関する文書資料に加えて公文書問題に係る視覚資料*を準備するなど工夫して、**全ての職員が当事者意識を持つような研修を継続して実施する**ことである。

　並行して公文書管理条例制定に寄与する職員は、条例等の整備に着手し、各自治体にあった管理方法を模索する必要がある。既存の建物に公文書保存・管理・利用の機能を持たせるのか、近隣自治体が所有する公文書館に地域圏で共同運営とするのか、併せて公文書管理の責任の所在なども明確にすべきである。

　公文書管理制度は現用文書の作成からはじまっており、作成するのは行政職員である。**職員一人一人が高い意識をもって業務遂行し、関連する公文書の価値を検討しながら作成する**ことが公文書管理制度の実務において何より重要なことである。その前提を踏まえたうえで、**設置者は連携の重要性を認識し、将来の国民・市民に対する説明責任を果たす手立てを講じる必要がある。**

（高木美和）

＊例えば「消えた年金問題、内閣法制局での検討文書の未作成、南スーダンPKO日報の廃棄、森友加計学園問題、赤木ファイル」などに関する報道資料等の活用が効果的と考える。

資料　公文書等の管理に関する法律（抄）

平成 21 年法律第 66 号

第1章　総則

（目的）

第1条　この法律は、国及び独立行政法人等の諸活動や歴史的事実の記録である公文書等が、健全な民主主義の根幹を支える国民共有の知的資源として、主権者である国民が主体的に利用し得るものであることにかんがみ、国民主権の理念にのっとり、公文書等の管理に関する基本的事項を定めること等により、行政文書等の適正な管理、歴史公文書等の適切な保存及び利用等を図り、もって行政が適正かつ効率的に運営されるようにするとともに、国及び独立行政法人等の有するその諸活動を現在及び将来の国民に説明する責務が全うされるようにすることを目的とする。

（定義）

第2条　この法律において「行政機関」とは、次に掲げる機関をいう。

1　法律の規定に基づき内閣に置かれる機関（内閣府を除く。）及び内閣の所轄の下に置かれる機関

2　内閣府、宮内庁並びに内閣府設置法（平成11年法律第89号）第49条第1項及び第2項に規定する機関（これらの機関のうち第4号の政令で定める機関が置かれる機関にあっては、当該政令で定める機関を除く。）

3　国家行政組織法（昭和23年法律第120号）第3条第2項に規定する機関（第5号の政令で定める機関が置かれる機関にあっては、当該政令で定める機関を除く。）

4　内閣府設置法第39条及び第55条並びに宮内庁法（昭和22年法律第70号）第16条第2項の機関並びに内閣府設置法第40条及び第56条（宮内庁法第18条第1項において準用する場合を含む。）の特別の機関で、政令で定めるもの

5　国家行政組織法第8条の2の施設等機関及び同法第8条の3の特別の機関で、政令で定めるもの

6　会計検査院

2　この法律において「独立行政法人等」とは、独立行政法人通則法（平成11年法律第百3号）第2条第1項に規定する独立行政法人及び別表第1に掲げる法人をいう。

3　この法律において「国立公文書館等」とは、次に掲げる施設をいう。
　1　独立行政法人国立公文書館（以下「国立公文書館」という。）の設置する公文書館
　2　行政機関の施設及び独立行政法人等の施設であって、前号に掲げる施設に類する機能を有するものとして政令で定めるもの
4　この法律において「行政文書」とは、行政機関の職員が職務上作成し、又は取得した文書（図画及び電磁的記録（電子的方式、磁気的方式その他人の知覚によっては認識することができない方式で作られた記録をいう。以下同じ。）を含む。第19条を除き、以下同じ。）であって、当該行政機関の職員が組織的に用いるものとして、当該行政機関が保有しているものをいう。ただし、次に掲げるものを除く。
　1　官報、白書、新聞、雑誌、書籍その他不特定多数の者に販売することを目的として発行されるもの
　2　特定歴史公文書等
　3　政令で定める研究所その他の施設において、政令で定めるところにより、歴史的若しくは文化的な資料又は学術研究用の資料として特別の管理がされているもの（前号に掲げるものを除く。）
5　この法律において「法人文書」とは、独立行政法人等の役員又は職員が職務上作成し、又は取得した文書であって、当該独立行政法人等の役員又は職員が組織的に用いるものとして、当該独立行政法人等が保有しているものをいう。ただし、次に掲げるものを除く。
　1　官報、白書、新聞、雑誌、書籍その他不特定多数の者に販売することを目的として発行されるもの
　2　特定歴史公文書等
　3　政令で定める博物館その他の施設において、政令で定めるところにより、歴史的若しくは文化的な資料又は学術研究用の資料として特別の管理がされているもの（前号に掲げるものを除く。）
　4　別表第2の上欄に掲げる独立行政法人等が保有している文書であって、政令で定めるところにより、専ら同表下欄に掲げる業務に係るものとして、同欄に掲げる業務以外の業務に係るものと区分されるもの
6　この法律において「歴史公文書等」とは、歴史資料として重要な公文書その他の文書をいう。
7　この法律において「特定歴史公文書等」とは、歴史公文書等のうち、次に掲げるものをいう。
　1　第8条第1項の規定により国立公文書館等に移管されたもの
　2　第11条第4項の規定により国立公文書館等に移管されたもの
　3　第14条第4項の規定により国立公文書館の設置する公文書館に移管されたもの
　4　法人その他の団体（国及び独立行政法人等を除く。以下「法人等」という。）又は個人から国立公文書館等に寄贈され、又は寄託されたもの
8　この法律において「公文書等」とは、次に掲げるものをいう。

1　行政文書

2　法人文書

3　特定歴史公文書等

（他の法令との関係）

第3条　公文書等の管理については、他の法律又はこれに基づく命令に特別の定めがある場合を除くほか、この法律の定めるところによる。

第2章　行政文書の管理

第1節　文書の作成

第4条　行政機関の職員は、第1条の目的の達成に資するため、当該行政機関における経緯も含めた意思決定に至る過程並びに当該行政機関の事務及び事業の実績を合理的に跡付け、又は検証することができるよう、処理に係る事案が軽微なものである場合を除き、次に掲げる事項その他の事項について、文書を作成しなければならない。

1　法令の制定又は改廃及びその経緯

2　前号に定めるもののほか、閣議、関係行政機関の長で構成される会議又は省議（これらに準ずるものを含む。）の決定又は了解及びその経緯

3　複数の行政機関による申合せ又は他の行政機関若しくは地方公共団体に対して示す基準の設定及びその経緯

4　個人又は法人の権利義務の得喪及びその経緯

5　職員の人事に関する事項

第2節　行政文書の整理等

（整理）

第5条　行政機関の職員が行政文書を作成し、又は取得したときは、当該行政機関の長は、政令で定めるところにより、当該行政文書について分類し、名称を付するとともに、保存期間及び保存期間の満了する日を設定しなければならない。

2　行政機関の長は、能率的な事務又は事業の処理及び行政文書の適切な保存に資するよう、単独で管理することが適当であると認める行政文書を除き、適時に、相互に密接な関連を有する行政文書（保存期間を同じくすることが適当であるものに限る。）を1の集合物（以下「行政文書ファイル」という。）にまとめなければならない。

3　前項の場合において、行政機関の長は、政令で定めるところにより、当該行政文書ファイルについて分類し、名称を付するとともに、保存期間及び保存期間の満了する日を設定しなければならない。

4　行政機関の長は、第1項及び前項の規定により設定した保存期間及び保存期間の満了する日を、政令で定めるところにより、延長することができる。

5　行政機関の長は、行政文書ファイル及び単独で管理している行政文書（以下「行政文書ファイル等」という。）について、保存期間（延長された場合にあっては、延長後の保存期間。以下同じ。）の満了前のできる限り早い時期に、保存期間が満了したときの措置として、歴史公文書等に該当するものにあっては政令で定めるところにより国立公文書館等への移管の措置を、それ以外のものにあっては廃棄の措置をとるべきことを定めなければならない。

（保存）

第6条　行政機関の長は、行政文書ファイル等について、当該行政文書ファイル等の保存期間の満了する日までの間、その内容、時の経過、利用の状況等に応じ、適切な保存及び利用を確保するために必要な場所において、適切な記録媒体により、識別を容易にするための措置を講じた上で保存しなければならない。

2　前項の場合において、行政機関の長は、当該行政文書ファイル等の集中管理の推進に努めなければならない。

（行政文書ファイル管理簿）

第7条　行政機関の長は、行政文書ファイル等の管理を適切に行うため、政令で定めるところにより、行政文書ファイル等の分類、名称、保存期間、保存期間の満了する日、保存期間が満了したときの措置及び保存場所その他の必要な事項（行政機関の保有する情報の公開に関する法律（平成11年法律第42号。以下「行政機関情報公開法」という。）第5条に規定する不開示情報に該当するものを除く。）を帳簿（以下「行政文書ファイル管理簿」という。）に記載しなければならない。ただし、政令で定める期間未満の保存期間が設定された行政文書ファイル等については、この限りでない。

2　行政機関の長は、行政文書ファイル管理簿について、政令で定めるところにより、当該行政機関の事務所に備えて1般の閲覧に供するとともに、電子情報処理組織を使用する方法その他の情報通信の技術を利用する方法により公表しなければならない。

（移管又は廃棄）

第8条　行政機関の長は、保存期間が満了した行政文書ファイル等について、第5条第5項の規定による定めに基づき、国立公文書館等に移管し、又は廃棄しなければならない。

2　行政機関（会計検査院を除く。以下この項、第4項、次条第3項、第10条第3項、第30条及び第31条において同じ。）の長は、前項の規定により、保存期間が満了した行政文書ファイル等を廃棄しようとするときは、あらかじめ、内閣総理大臣に協議し、その同意を得なければならない。この場合において、内閣総理大臣の同意が得られないときは、当該行政機関の長は、当該行政文書ファイル等について、新たに保存期間及び保存期間の満了する日を設定しなければならない。

3　行政機関の長は、第1項の規定により国立公文書館等に移管する行政文書ファイル等について、第16条第1項第1号に掲げる場合に該当するものとして国立公文書館等において利用の制限を行うことが適切であると認める場合には、その旨の意見を付さなければならない。

4　内閣総理大臣は、行政文書ファイル等について特に保存の必要があると認める場合には、当該行政文書ファイル等を保有する行政機関の長に対し、当該行政文書ファイル等について、廃棄の措置をとらないように求めることができる。

（管理状況の報告等）

第9条　行政機関の長は、行政文書ファイル管理簿の記載状況その他の行政文書の管理の状況について、毎年度、内閣総理大臣に報告しなければならない。

2　内閣総理大臣は、毎年度、前項の報告を取りまとめ、その概要を公表しなければ

ならない。

3　内閣総理大臣は、第1項に定めるもののほか、行政文書の適正な管理を確保するために必要があると認める場合には、行政機関の長に対し、行政文書の管理について、その状況に関する報告若しくは資料の提出を求め、又は当該職員に実地調査をさせることができる。

4　内閣総理大臣は、前項の場合において歴史公文書等の適切な移管を確保するために必要があると認めるときは、国立公文書館に、当該報告若しくは資料の提出を求めさせ、又は実地調査をさせることができる。

（行政文書管理規則）

第10条　行政機関の長は、行政文書の管理が第4条から前条までの規定に基づき適正に行われることを確保するため、行政文書の管理に関する定め（以下「行政文書管理規則」という。）を設けなければならない。

2　行政文書管理規則には、行政文書に関する次に掲げる事項を記載しなければならない。

1　作成に関する事項

2　整理に関する事項

3　保存に関する事項

4　行政文書ファイル管理簿に関する事項

5　移管又は廃棄に関する事項

6　管理状況の報告に関する事項

7　その他政令で定める事項

3　行政機関の長は、行政文書管理規則を設けようとするときは、あらかじめ、内閣総理大臣に協議し、その同意を得なければならない。これを変更しようとするときも、同様とする。

4　行政機関の長は、行政文書管理規則を設けたときは、遅滞なく、これを公表しなければならない。これを変更したときも、同様とする。

第3章　法人文書の管理

（法人文書の管理に関する原則）

第11条　独立行政法人等は、第4条から第6条までの規定に準じて、法人文書を適正に管理しなければならない。

2　独立行政法人等は、法人文書ファイル等（能率的な事務又は事業の処理及び法人文書の適切な保存に資するよう、相互に密接な関連を有する法人文書を1の集合物にまとめたもの並びに単独で管理している法人文書をいう。以下同じ。）の管理を適切に行うため、政令で定めるところにより、法人文書ファイル等の分類、名称、保存期間、保存期間の満了する日、保存期間が満了したときの措置及び保存場所その他の必要な事項（独立行政法人等の保有する情報の公開に関する法律（平成13年法律第140号。以下「独立行政法人等情報公開法」という。）第5条に規定する不開示情報に該当するものを除く。）を帳簿（以下「法人文書ファイル管理簿」という。）に記載しなければならない。ただし、政令で定める期間未満の保存期間が設定された法人文書ファイル等については、この限りでない。

3　独立行政法人等は、法人文書ファイル管理簿について、政令で定めるところにより、当該独立行政法人等の事務所に備えて１般の閲覧に供するとともに、電子情報処理組織を使用する方法その他の情報通信の技術を利用する方法により公表しなければならない。

4　独立行政法人等は、保存期間が満了した法人文書ファイル等について、歴史公文書等に該当するものにあっては政令で定めるところにより国立公文書館等に移管し、それ以外のものにあっては廃棄しなければならない。

5　独立行政法人等は、前項の規定により国立公文書館等に移管する法人文書ファイル等について、第16条第１項第２号に掲げる場合に該当するものとして国立公文書館等において利用の制限を行うことが適切であると認める場合には、その旨の意見を付さなければならない。

（管理状況の報告等）

第12条　独立行政法人等は、法人文書ファイル管理簿の記載状況その他の法人文書の管理の状況について、毎年度、内閣総理大臣に報告しなければならない。

2　内閣総理大臣は、毎年度、前項の報告を取りまとめ、その概要を公表しなければならない。

（法人文書管理規則）

第13条　独立行政法人等は、法人文書の管理が前２条の規定に基づき適正に行われることを確保するため、第10条第２項の規定を参酌して、法人文書の管理に関する定め（以下「法人文書管理規則」という。）を設けなければならない。

2　独立行政法人等は、法人文書管理規則を設けたときは、遅滞なく、これを公表しなければならない。これを変更したときも、同様とする。

第4章　歴史公文書等の保存、利用等

（行政機関以外の国の機関が保有する歴史公文書等の保存及び移管）

第14条　国の機関（行政機関を除く。以下この条において同じ。）は、内閣総理大臣と協議して定めるところにより、当該国の機関が保有する歴史公文書等の適切な保存のために必要な措置を講ずるものとする。

2　内閣総理大臣は、前項の協議による定めに基づき、歴史公文書等について、国立公文書館において保存する必要があると認める場合には、当該歴史公文書等を保有する国の機関との合意により、その移管を受けることができる。

3　前項の場合において、必要があると認めるときは、内閣総理大臣は、あらかじめ、国立公文書館の意見を聴くことができる。

4　内閣総理大臣は、第２項の規定により移管を受けた歴史公文書等を国立公文書館の設置する公文書館に移管するものとする。

（特定歴史公文書等の保存等）

第15条　国立公文書館等の長（国立公文書館等が行政機関の施設である場合にあってはその属する行政機関の長、国立公文書館等が独立行政法人等の施設である場合にあってはその施設を設置した独立行政法人等をいう。以下同じ。）は、特定歴史公文書等について、第25条の規定により廃棄されるに至る場合を除き、永久に保存しなければならない。

2　国立公文書館等の長は、特定歴史公文書等について、その内容、保存状態、時の経過、利用の状況等に応じ、適切な保存及び利用を確保するために必要な場所において、適切な記録媒体により、識別を容易にするための措置を講じた上で保存しなければならない。

3　国立公文書館等の長は、特定歴史公文書等に個人情報（生存する個人に関する情報であって、当該情報に含まれる氏名、生年月日その他の記述等により特定の個人を識別することができるもの（他の情報と容易に照合することができ、それにより特定の個人を識別することができることとなるものを含む。）をいう。）が記録されている場合には、当該個人情報の漏えいの防止のために必要な措置を講じなければならない。

4　国立公文書館等の長は、政令で定めるところにより、特定歴史公文書等の分類、名称、移管又は寄贈若しくは寄託をした者の名称又は氏名、移管又は寄贈若しくは寄託を受けた時期及び保存場所その他の特定歴史公文書等の適切な保存を行い、及び適切な利用に資するために必要な事項を記載した目録を作成し、公表しなければならない。

（特定歴史公文書等の利用請求及びその取扱い）

第16条　国立公文書館等の長は、当該国立公文書館等において保存されている特定歴史公文書等について前条第4項の目録の記載に従い利用の請求があった場合には、次に掲げる場合を除き、これを利用させなければならない。

1　当該特定歴史公文書等が行政機関の長から移管されたものであって、当該特定歴史公文書等に次に掲げる情報が記録されている場合

イ　行政機関情報公開法第5条第1号に掲げる情報

ロ　行政機関情報公開法第5条第2号又は第6号イ若しくはホに掲げる情報

ハ　公にすることにより、国の安全が害されるおそれ、他国若しくは国際機関との信頼関係が損なわれるおそれ又は他国若しくは国際機関との交渉上不利益を被るおそれがあると当該特定歴史公文書等を移管した行政機関の長が認めることにつき相当の理由がある情報

ニ　公にすることにより、犯罪の予防、鎮圧又は捜査、公訴の維持、刑の執行その他の公共の安全と秩序の維持に支障を及ぼすおそれがあると当該特定歴史公文書等を移管した行政機関の長が認めることにつき相当の理由がある情報

2　当該特定歴史公文書等が独立行政法人等から移管されたものであって、当該特定歴史公文書等に次に掲げる情報が記録されている場合

イ　独立行政法人等情報公開法第5条第1号に掲げる情報

ロ　独立行政法人等情報公開法第5条第2号又は第4号イからハまで若しくはトに掲げる情報

3　当該特定歴史公文書等が国の機関（行政機関を除く。）から移管されたものであって、当該国の機関との合意において利用の制限を行うこととされている場合

4　当該特定歴史公文書等がその全部又は1部を1定の期間公にしないことを条件に法人等又は個人から寄贈され、又は寄託されたものであって、当該期間が経過していない場合

　　5　当該特定歴史公文書等の原本を利用に供することにより当該原本の破損若しく
　　　はその汚損を生ずるおそれがある場合又は当該特定歴史公文書等を保存する国立公
　　　文書館等において当該原本が現に使用されている場合

2　国立公文書館等の長は、前項に規定する利用の請求（以下「利用請求」という。）に
　係る特定歴史公文書等が同項第1号又は第2号に該当するか否かについて判断するに
　当たっては、当該特定歴史公文書等が行政文書又は法人文書として作成又は取得され
　てからの時の経過を考慮するとともに、当該特定歴史公文書等に第8条第3項又は第
　11条第5項の規定による意見が付されている場合には、当該意見を参酌しなければ
　ならない。

3　国立公文書館等の長は、第1項第1号から第4号までに掲げる場合であっても、同
　項第1号イからニまで若しくは第2号イ若しくはロに掲げる情報又は同項第3号の制
　限若しくは同項第4号の条件に係る情報が記録されている部分を容易に区分して除く
　ことができるときは、利用請求をした者に対し、当該部分を除いた部分を利用させな
　ければならない。ただし、当該部分を除いた部分に有意の情報が記録されていないと
　認められるときは、この限りでない。

　（本人情報の取扱い）

第17条　国立公文書館等の長は、前条第1項第1号イ及び第2号イの規定にかかわらず、
　これらの規定に掲げる情報により識別される特定の個人（以下この条において「本人」
　という。）から、当該情報が記録されている特定歴史公文書等について利用請求があっ
　た場合において、政令で定めるところにより本人であることを示す書類の提示又は提
　出があったときは、本人の生命、健康、生活又は財産を害するおそれがある情報が記
　録されている場合を除き、当該特定歴史公文書等につきこれらの規定に掲げる情報が
　記録されている部分についても、利用させなければならない。

　（第3者に対する意見書提出の機会の付与等）

第18条　利用請求に係る特定歴史公文書等に国、独立行政法人等、地方公共団体、地
　方独立行政法人及び利用請求をした者以外の者（以下この条において「第3者」という。）
　に関する情報が記録されている場合には、国立公文書館等の長は、当該特定歴史公文
　書等を利用させるか否かについての決定をするに当たって、当該情報に係る第3者に
　対し、利用請求に係る特定歴史公文書等の名称その他政令で定める事項を通知して、
　意見書を提出する機会を与えることができる。

2　国立公文書館等の長は、第3者に関する情報が記録されている特定歴史公文書等
　の利用をさせようとする場合であって、当該情報が行政機関情報公開法第5条第1号
　ロ若しくは第2号ただし書に規定する情報又は独立行政法人等情報公開法第5条第1
　号ロ若しくは第2号ただし書に規定する情報に該当すると認めるときは、利用させる
　旨の決定に先立ち、当該第3者に対し、利用請求に係る特定歴史公文書等の名称その
　他政令で定める事項を書面により通知して、意見書を提出する機会を与えなければな
　らない。ただし、当該第3者の所在が判明しない場合は、この限りでない。

3　国立公文書館等の長は、特定歴史公文書等であって第16条第1項第1号ハ又はニ
　に該当するものとして第8条第3項の規定により意見を付されたものを利用させる旨

の決定をする場合には、あらかじめ、当該特定歴史公文書等を移管した行政機関の長に対し、利用請求に係る特定歴史公文書等の名称その他政令で定める事項を書面により通知して、意見書を提出する機会を与えなければならない。

4　国立公文書館等の長は、第1項又は第2項の規定により意見書を提出する機会を与えられた第3者が当該特定歴史公文書等を利用させることに反対の意思を表示した意見書を提出した場合において、当該特定歴史公文書等を利用させる旨の決定をするときは、その決定の日と利用させる日との間に少なくとも2週間を置かなければならない。この場合において、国立公文書館等の長は、その決定後直ちに、当該意見書（第21条第4項第2号において「反対意見書」という。）を提出した第3者に対し、利用させる旨の決定をした旨及びその理由並びに利用させる日を書面により通知しなければならない。

（利用の方法）

第19条　国立公文書館等の長が特定歴史公文書等を利用させる場合には、文書又は図画については閲覧又は写しの交付の方法により、電磁的記録についてはその種別、情報化の進展状況等を勘案して政令で定める方法により行う。ただし、閲覧の方法により特定歴史公文書等を利用させる場合にあっては、当該特定歴史公文書等の保存に支障を生ずるおそれがあると認めるときその他正当な理由があるときに限り、その写しを閲覧させる方法により、これを利用させることができる。

（手数料）

第20条　写しの交付により特定歴史公文書等を利用する者は、政令で定めるところにより、手数料を納めなければならない。

2　前項の手数料の額は、実費の範囲内において、できる限り利用しやすい額とするよう配慮して、国立公文書館等の長が定めるものとする。

（審査請求及び公文書管理委員会への諮問）

第21条　利用請求に対する処分又は利用請求に係る不作為について不服がある者は、国立公文書館等の長に対し、審査請求をすることができる。

2　利用請求に対する処分又は利用請求に係る不作為に係る審査請求については、行政不服審査法（平成26年法律第68号）第9条、第17条、第24条、第2章第3節及び第4節並びに第50条第2項の規定は、適用しない。

3　利用請求に対する処分又は利用請求に係る不作為に係る審査請求についての行政不服審査法第2章の規定の適用については、同法第11条第2項中「第9条第1項の規定により指名された者（以下「審理員」という。）」とあるのは「第4条の規定により審査請求がされた行政庁（第14条の規定により引継ぎを受けた行政庁を含む。以下「審査庁」という。）」と、同法第13条第1項及び第2項中「審理員」とあるのは「審査庁」と、同法第25条第7項中「あったとき、又は審理員から第40条に規定する執行停止をすべき旨の意見書が提出されたとき」とあるのは「あったとき」と、同法第44条中「行政不服審査会等」とあるのは「公文書管理委員会」と、「受けたとき（前条第1項の規定による諮問を要しない場合（同項第2号又は第3号に該当する場合を除く。）にあっては審理員意見書が提出されたとき、同項第2号又は第3号に該当する場合にあっては同項

143

第2号又は第3号に規定する議を経たとき）」とあるのは「受けたとき」と、同法第50
条第1項第4号中「審理員意見書又は行政不服審査会等若しくは審議会等」とあるの
は「公文書管理委員会」とする。

4　利用請求に対する処分又は利用請求に係る不作為に係る審査請求があったときは、
国立公文書館等の長は、次の各号のいずれかに該当する場合を除き、公文書管理委員
会に諮問しなければならない。

1　審査請求が不適法であり、却下する場合

2　裁決で、審査請求の全部を認容し、当該審査請求に係る特定歴史公文書等の全
部を利用させることとする場合（当該特定歴史公文書等の利用について反対意見書
が提出されている場合を除く。）

第22条　独立行政法人等情報公開法第19条第2項及び第20条並びに情報公開・個人
情報保護審査会設置法（平成15年法律第60号）第9条から第16条までの規定は、前
条第1項の規定による審査請求について準用する。この場合において、独立行政法人
等情報公開法第19条第2項中「前項」とあるのは「公文書等の管理に関する法律（以
下「公文書管理法」という。）第21条第4項」と、「独立行政法人等」とあるのは「公
文書管理法第15条第1項に規定する国立公文書館等の長」と、同項第2号中「開示
請求者（開示請求者が」とあるのは「利用請求（公文書管理法第16条第2項に規定する
利用請求をいう。以下同じ。）をした者（利用請求をした者が」と、同項第3号中「法
人文書の開示について反対意見書」とあるのは「特定歴史公文書等（公文書管理法第
2条第7項に規定する特定歴史公文書等をいう。以下同じ。）の利用について公文書管理法
第18条第4項に規定する反対意見書」と、独立行政法人等情報公開法第20条中「第
14条第3項」とあるのは「公文書管理法第18条第4項」と、同条第1号中「開示決定」
とあるのは「利用させる旨の決定」と、同条第2号中「開示決定等」とあるのは「利
用請求に対する処分」と、「開示請求」とあるのは「利用請求」と、「法人文書」とあ
るのは「特定歴史公文書等」と、「開示する旨」とあるのは「利用させる旨」と、「の
開示」とあるのは「を利用させること」と、情報公開・個人情報保護審査会設置法第
9条から第16条までの規定中「審査会」とあるのは「公文書管理委員会」と、同法
第9条第1項中「諮問庁」とあるのは「諮問庁（公文書等の管理に関する法律（以下「公
文書管理法」という。）第21条第4項の規定により諮問をした公文書管理法第15条第1項に
規定する国立公文書館等の長をいう。以下この条において同じ。）」と、「行政文書等又は
保有個人情報の提示」とあるのは「特定歴史公文書等（公文書管理法第2条第7項に規
定する特定歴史公文書等をいう。以下同じ。）の提示」と、「行政文書等又は保有個人情
報の開示」とあるのは「特定歴史公文書等の開示」と、同条第3項中「行政文書等に
記録されている情報又は保有個人情報に含まれている情報」とあるのは「特定歴史公
文書等に記録されている情報」と、同法第12条中「行政文書等若しくは保有個人情報」
とあるのは「特定歴史公文書等」と読み替えるものとする。

（利用の促進）

第23条　国立公文書館等の長は、特定歴史公文書等（第16条の規定により利用させるこ
とができるものに限る。）について、展示その他の方法により積極的に1般の利用に供

するよう努めなければならない。

（移管元行政機関等による利用の特例）

第 24 条　特定歴史公文書等を移管した行政機関の長又は独立行政法人等が国立公文書館等の長に対してそれぞれその所掌事務又は業務を遂行するために必要であるとして当該特定歴史公文書等について利用請求をした場合には、第 16 条第 1 項第 1 号又は第 2 号の規定は、適用しない。

（特定歴史公文書等の廃棄）

第 25 条　国立公文書館等の長は、特定歴史公文書等として保存されている文書が歴史資料として重要でなくなったと認める場合には、内閣総理大臣に協議し、その同意を得て、当該文書を廃棄することができる。

（保存及び利用の状況の報告等）

第 26 条　国立公文書館等の長は、特定歴史公文書等の保存及び利用の状況について、毎年度、内閣総理大臣に報告しなければならない。

2　内閣総理大臣は、毎年度、前項の報告を取りまとめ、その概要を公表しなければならない。

（利用等規則）

第 27 条　国立公文書館等の長は、特定歴史公文書等の保存、利用及び廃棄が第十 5 条から第 20 条まで及び第 23 条から前条までの規定に基づき適切に行われることを確保するため、特定歴史公文書等の保存、利用及び廃棄に関する定め（以下「利用等規則」という。）を設けなければならない。

2　利用等規則には、特定歴史公文書等に関する次に掲げる事項を記載しなければならない。

1　保存に関する事項

2　第 20 条に規定する手数料その他 1 般の利用に関する事項

3　特定歴史公文書等を移管した行政機関の長又は独立行政法人等による当該特定歴史公文書等の利用に関する事項

4　廃棄に関する事項

5　保存及び利用の状況の報告に関する事項

3　国立公文書館等の長は、利用等規則を設けようとするときは、あらかじめ、内閣総理大臣に協議し、その同意を得なければならない。これを変更しようとするときも、同様とする。

4　国立公文書館等の長は、利用等規則を設けたときは、遅滞なく、これを公表しなければならない。これを変更したときも、同様とする。

第 5 章　公文書管理委員会

（委員会の設置）

第 28 条　内閣府に、公文書管理委員会（以下「委員会」という。）を置く。

2　委員会は、この法律の規定によりその権限に属させられた事項を処理する。

3　委員会の委員は、公文書等の管理に関して優れた識見を有する者のうちから、内閣総理大臣が任命する。

4　この法律に規定するもののほか、委員会の組織及び運営に関し必要な事項は、政令で定める。

（委員会への諮問）

第29条　内閣総理大臣は、次に掲げる場合には、委員会に諮問しなければならない。

1　第2条第1項第4号若しくは第5号、第3項第2号、第4項第3号若しくは第5項第3号若しくは第4号、第5条第1項若しくは第3項から第5項まで、第7条、第10条第2項第7号、第11条第2項から第4項まで、第15条第4項、第17条、第18条第1項から第3項まで、第19条又は第20条第1項の政令の制定又は改廃の立案をしようとするとき。

2　第10条第3項、第25条又は第27条第3項の規定による同意をしようとするとき。

3　第31条の規定による勧告をしようとするとき。

（資料の提出等の求め）

第30条　委員会は、その所掌事務を遂行するため必要があると認める場合には、関係行政機関の長又は国立公文書館等の長に対し、資料の提出、意見の開陳、説明その他必要な協力を求めることができる。

第6章　雑則

（内閣総理大臣の勧告）

第31条　内閣総理大臣は、この法律を実施するため特に必要があると認める場合には、行政機関の長に対し、公文書等の管理について改善すべき旨の勧告をし、当該勧告の結果とられた措置について報告を求めることができる。

（研修）

第32条　行政機関の長及び独立行政法人等は、それぞれ、当該行政機関又は当該独立行政法人等の職員に対し、公文書等の管理を適正かつ効果的に行うために必要な知識及び技能を習得させ、及び向上させるために必要な研修を行うものとする。

2　国立公文書館は、行政機関及び独立行政法人等の職員に対し、歴史公文書等の適切な保存及び移管を確保するために必要な知識及び技能を習得させ、及び向上させるために必要な研修を行うものとする。

（組織の見直しに伴う行政文書等の適正な管理のための措置）

第33条　行政機関の長は、当該行政機関について統合、廃止等の組織の見直しが行われる場合には、その管理する行政文書について、統合、廃止等の組織の見直しの後においてこの法律の規定に準じた適正管理が行われることが確保されるよう必要な措置を講じなければならない。

2　独立行政法人等は、当該独立行政法人等について民営化等の組織の見直しが行われる場合には、その管理する法人文書について、民営化等の組織の見直しの後においてこの法律の規定に準じた適正な管理が行われることが確保されるよう必要な措置を講じなければならない。

（地方公共団体の文書管理）

第24条　地方公共団体は、この法律の趣旨にのっとり、その保有する文書の適正な管理に関して必要な施策を策定し、及びこれを実施するよう努めなければならない。

別表第1（第2条関係）

名称	根拠法
沖縄科学技術大学院大学学園	沖縄科学技術大学院大学学園法（平成21年法律第76号）
沖縄振興開発金融公庫	沖縄振興開発金融公庫法（昭和47年法律第31号）
外国人技能実習機構	外国人の技能実習の適正な実施及び技能実習生の保護に関する法律（平成28年法律第89号）
株式会社国際協力銀行	株式会社国際協力銀行法（平成23年法律第39号）
株式会社日本政策金融公庫	株式会社日本政策金融公庫法（平成19年法律第57号）
株式会社日本貿易保険	貿易保険法（昭和25年法律第67号）
原子力損害賠償・廃炉等支援機構	原子力損害賠償・廃炉等支援機構法（平成23年法律第94号）
国立大学法人	国立大学法人法（平成15年法律第112号）
新関西国際空港株式会社	関西国際空港及び大阪国際空港の1体的かつ効率的な設置及び管理に関する法律（平成23年法律第54号）
大学共同利用機関法人	国立大学法人法
日本銀行	日本銀行法（平成9年法律第89号）
日本司法支援センター	総合法律支援法（平成16年法律第74号）
日本私立学校振興・共済事業団	日本私立学校振興・共済事業団法（平成9年法律第48号）
日本中央競馬会	日本中央競馬会法（昭和29年法律第205号）
日本年金機構	日本年金機構法（平成19年法律第109号）
農水産業協同組合貯金保険機構	農水産業協同組合貯金保険法（昭和48年法律第53号）
福島国際研究教育機構	福島復興再生特別措置法（平成24年法律第25号）
放送大学学園	放送大学学園法（平成14年法律第156号）
預金保険機構	預金保険法（昭和46年法律第34号）

別表第2（第2条関係）

新関西国際空港株式会社	1　関西国際空港及び大阪国際空港の1体的かつ効率的な設置及び管理に関する法律（以下この項において「設置管理法」という。）第9条第1項の事業に係る業務のうち関西国際空港に係るものであって、次のいずれかに該当するもの 　イ　関西国際空港及び設置管理法第9条第1項第2号に規定する施設の設置（これらの建設に係るものを除く。）及び管理の事業に係る業務 　ロ　設置管理法第9条第1項第3号の政令で定める施設及び同項第6号に規定する施設の管理の事業に係る業務 　ハ　イ又はロに規定する事業に附帯する事業に係る業務 2　設置管理法第9条第1項の事業に係る業務のうち大阪国際空港に係るもの 3　設置管理法第9条第2項に規定する事業に係る業務
日本私立学校振興・共済事業団	1　日本私立学校振興・共済事業団法（以下この項において「事業団法」という。）第23条第1項第6号から第9号までに掲げる業務 2　事業団法第23条第2項に規定する業務 3　事業団法第23条第3項第1号及び第2号に掲げる業務

事 項 索 引

執筆者一覧 （五十音順）

青木　弥保（あおき　みほ）　安曇野市役所市民生活部市民課市民担当
　　　［第 13 章］

池川　滋彌（いけがわ　じみい）　高知県文化生活スポーツ部歴史文化財課チーフ
　　　［第 2 章］

和泉田　保一（いずみだ　やすいち）　山形大学准教授
　　　［第 1 章・第 10 章・第 14 章・第 16 章・第 18 章］

稲葉　馨（いなば　かおる）　立正大学教授・東北大学名誉教授
　　　［序章②］

黒田　広之（くろだ　ひろゆき）　山形県健康福祉部高齢者支援課主査
　　　［第 8 章］

髙木　美和（たかき　みわ）　みやま市教育部社会教育課地域学校協働推進担当係長
　　　［第 20 章］

高梨　美砂子（たかなし　みさこ）　山形県立村山特別支援学校事務部長
　　　［第 6 章・第 11 章］

築達　秀尚（ちくだて　ひでなお）　山形県健康福祉部健康福祉企画課長
　　　［第 4 章・第 5 章］

友岡　史仁＊（ともおか　ふみと）　日本大学教授
　　　［序章①・第 3 章・第 9 章・第 12 章・第 15 章・第 17 章］

仲本　和彦（なかもと　かずひこ）　沖縄県公文書館指定管理者（公財）沖縄県文化振興会
　　　公文書管理課資料公開班長
　　　［第 19 章］

西間木　勇吾（にしまき　ゆうご）　郡山市総務部総務法務課文書係主査
　　　［第 7 章］

＊編者

執筆者肩書は 2023 年 3 月 1 日現在

〈編著者紹介〉

友岡 史仁（ともおか・ふみと）

日本大学法学部教授

1997年慶應義塾大学法学部法律学科卒業，1999年同大学院法学研究科博士前期課程修了，2003年同大学院法学研究科博士後期課程単位取得退学。日本大学法学部専任講師，助教授・准教授を経て，2013年に同教授。現在，川崎市情報公開・個人情報保護審査会副会長，東京都情報公開審査会委員，同個人情報保護審査会委員，神奈川県情報公開・個人情報保護審議会委員等歴任

〈主著〉『公益事業と競争法』（晃陽書房，2009年），『ネットワーク産業の規制とその法理』（三和書籍，2012年），『要説経済行政法』（弘文堂，2015年），『経済行政法の実践的研究』（信山社，2022年），『行政情報法制の現代的構造』（信山社，2022年），『情報公開・個人情報保護―自治体審査実務編』（共編著，信山社，2022年），『基本争訟業務―自治体行政救済法（基礎）編』（信山社，2023年）ほか

行政LMS

III

公文書管理
◆自治体条例制定・文書管理保存実務◆

2023（令和5）年3月30日　第1版第1刷発行
1193：P164　¥1600E　012-015-005

編著者　友 岡 史 仁
発行者　今井 貴・稲葉文子
発行所　株式会社 信山社
〒113-0033 東京都文京区本郷6-2-9-102
Tel 03-3818-1019　Fax 03-3818-0344
info@shinzansha.co.jp
笠間才木支店 〒309-1611 茨城県笠間市笠間515-3
Tel 0296-71-9081　Fax 0296-71-9082
笠間来栖支店 〒309-1625 茨城県笠間市来栖2345-1
Tel 0296-71-0215　Fax 0296-72-5410
出版契約2023-1193-1-01011　Printed in Japan

行政 LMS 発刊に際して

　社会環境が劇的に変化する中で、価値観がいっそう多様化し、求められるニーズも常に変容している。個人はもちろん、組織において柔軟な思考が必要となるゆえんである。とりわけ 2020 年にはじまった世界的な新型コロナ・パンデミックは、人々の生活・行動に加速的変化をもたらし、社会的ニーズへの迅速な対応が一層必須と化している。それゆえ、私たちが法治国家の中で社会を形成する必要上、過去の制度や運用を果敢に見直し、変容するニーズにより実践的に対応することが、現在の法的需要として求められているといえよう。

　そこで、そのような現代的ニーズに応えるシリーズ企画として、信山社から機会をいただき、**法的知識を基にした組織マネジメント（管理運用）が求められる多様な場面を想定した意味を込めて**「リーガル・マネジメントシリーズ」（通称 LMS）を立案した。LMS では、例えば、ある種の分野に精通したスペシャリストの方々向けというよりは、役所・企業といった組織にあって、これから特定の分野に携わるかもしれない方、日々の業務において生ずる迷いを解くきっかけ、ないしはレファレンスを求めておられる方、時に教育機関においてそのような業務に携わることを志そうとする方（大学生、専門学校生）などを読者に想定している。そして、自ら携わる（かもしれない）業務を「法的知識」で「管理・運用」できるよう目指す方々に、少しでも痒い所に手が届く"孫の手"を差し伸べられることを目指そうとするものである。

　本企画を提案した編者（友岡）自身は、行政法・経済法を専攻とする大学教育に携わる一研究者である。これまで国・地方公共団体などの有識者会合への出席等を通じて実務との接点を持ってきた経験から、LMS の一つとして「行政LMS」というカテゴリーを提唱したが、対象となり得る潜在的分野は、社会の変容に直面し拡大していると思われる。本企画が数多の方々のご協力によって実現したのも、そうした幅広いニーズに応えられる企画の実現を目指した具体的な一つの段階であると、認識する次第である。

　　2022 年 8 月

友岡　史仁

行政LMSⅠ

行政リーガル・マネジメント・シリーズⅠ

情報公開・個人情報保護
― 自治体審査実務編 ―

友岡史仁 編著

DX時代における高度な情報技術の利活用、情報公開・個人情報保護の紛争
の未然防止、法的知識を基にした組織マネジメントの追究、かゆいところ
に手が届く〈解決策のヒント〉等、住民のニーズや実務の課題に応える現場
の知恵を交えた実践的な手引き。開示請求や審査請求手続をスムーズに。

【執筆者】(五十音順)
飯島奈津子:よこはま山下町法律事務所弁護士
嘉藤亮:神奈川大学教授
杉田博俊:東京都総務局総務部情報公開課主任(個人情報担当)
友岡史仁〔編者〕:日本大学教授
中島美砂子:中島法律事務所弁護士・公認会計士
平松優太:東京都総務局総務部情報公開課課長代理(個人情報担当)
村上宏祐:東京都総務局総務部情報公開課主事(個人情報担当)

信山社

行政LMSⅡ

行政リーガル・マネジメント・シリーズⅡ

基本争訟法務
―自治体行政救済法〈基礎〉編―

友岡史仁 著

紛争予防や適切な活動ツールとして、その活用方法を知るための基礎知識。
体系的な図表を活用しつつビジュアルに解説。LMS第2弾。

信山社